中国科协学会学术部项目资助

迈向成功

——建设竞争性社团的五大策略

［美］哈里森·科华　玛丽·拜尔斯　著

高富锋　刘向晖　译

中国科学技术出版社

·北京·

图书在版编目（CIP）数据

迈向成功：建设竞争性社团的五大策略 /（美）哈里森·科华，（美）玛丽·拜尔斯著；高富锋，刘向晖译 . —北京：中国科学技术出版社，2019.2

书名原文：*Road to Relevance: 5 Strategies for Competitive Associations*

ISBN 978-7-5046-7427-2

Ⅰ.①迈… Ⅱ.①哈…②玛…③高…④刘… Ⅲ.①社会团体—管理—研究 Ⅳ.① C912.2

中国版本图书馆 CIP 数据核字（2017）第 052114 号

This is the translation of *Road to Relevance: 5 Strategies for Competitive Associations* © 2013 by Harrison Coerver and Mary Byers. It is translated and published by arrangement with Association Management Press, Washington DC, USA. **All rights reserved.**

著作权合同登记号：01-2016-0161

本书中文版由美国社团管理者协会和美国社团领导力中心授权中国科学技术出版社独家出版，未经出版者许可不得以任何方式抄袭、复制或节录任何部分

责任编辑	单　亭　崔家岭
装帧设计	中文天地
责任校对	杨京华
责任印制	马宇晨
其他参译人员	吉柯宇　李丹萍　郑　帅　马涵慧　韩哲宏

出　　版	中国科学技术出版社
发　　行	中国科学技术出版社发行部
地　　址	北京市海淀区中关村南大街16号
邮　　编	100081
发行电话	010-62173865
传　　真	010-62179148
网　　址	http://www.cspbooks.com.cn

开　　本	787mm×1092mm　1/16
字　　数	170千字
印　　张	10.75
版　　次	2019年2月第1版
印　　次	2019年2月第1次印刷
印　　刷	北京盛通印刷股份有限公司

书　　号	ISBN 978-7-5046-7427-2 / C·164
定　　价	38.00元

（凡购买本社图书，如有缺页、倒页、脱页者，本社发行部负责调换）

前　言

这是一本关于社团如何应对竞争的著作，主要讲述社团在其所属领域，面对前所未有、无所不在、残酷无情的竞争，怎样才能更好地运转并走向成功。同时，本书的内容也涉及社团如何应对当下的"新常态"。

在2008年经济危机爆发之前，社团就已经面临着来自包括市场、会员偏好、技术进步等方面具有根本性改变的挑战。本书是一本社团开展活动的指南，也是社团管理者的参考手册。我们写这本书的目的，是想在战略思考方面尤其是社团管理的战略行动方面，给社团主管和志愿者们提供更多的帮助和指导。

在这本书中，我们把战略定义为"为了实现组织目标，灵活地、创造性地、有纪律地利用组织资源"。其实，本书的内容就是关于在充满挑战和变革的新时期，我们怎样做才能更有效地利用好社团的资源。

要想取得成功，社团的发展战略必须适应行业动态和市场环境，同时也要考虑社团内在的功能和能力。在"战略之战略"一文中，瑞夫斯（Reeves）、洛夫（Love）、蒂尔曼斯（Tillmanns）把它称为"战略制定过程应与竞争性环境的特殊要求相匹配。"[1]因此，我们确定了五个战略概念。这五个战略概念能够指导今天的行业协会和专业社团的发展。这些战略概念并不是我们的创新，实际上它们已经存在许多年了。它们之所以被认为是新的，是因为它们首次被应用到社团治理和管理的领域。

当社团收缩业务领域、精炼业务项目并在业务上努力精益求精时,社团的战略就会带来"乘法效应"。这是今天大多数成功的商业性公司所遵循的共同理念。你也可以把这一理念运用到社团治理中来,以确保你的社团更卓越地发展。

为了创建能够引领社团走向成功的价值链,一般的社团都会尽力扩大服务项目和服务对象。事实上这可能适得其反,它可能会降低社团存在的意义,使社团的存在变得可有可无。正如彼得·德鲁克(Peter Drucker)所说,"我们发现任何一个成功的企业都懂得集中选择和集中决策。"[2]当然,他也明确指出,"最糟糕的莫过于在每件事情上浅尝辄止,这将导致社团一事无成。哪怕是选择一个错误的优先目标也比什么都不做要好得多。"[3]

我们并不是建议社团去选择一个错误的优先目标。我们认为,比起选择一个错误的优先目标,不加选择当然是更危险的。在我们与1400多个行业和专业社团合作的过程中,我们看到了无数次类似的失败。"一切照旧"的处理方式不再有效。同时"一切照旧"所带来的结果的不确定性,让许多组织常常因此陷入困境。

我们的第一本书《突破传统——社团的五项根本性变革》(以下简称《突破传统》)确定了该类组织所面临的6个挑战。其实,这6个挑战正在长远地改变着社团所面临的环境。因此,我们也提出了5个根本性的改变以确保社团在未来取得成功。我们的观点触动了很多人的神经,在该书出版之后我们几乎每天都收到读者的来信和来电,他们在问"你们的书是不是就是在写我们的社团啊?"

根本性的变革一定会引起人们的思考、讨论和评议,有时甚至会出现意见分歧和争论,能有这样的讨论和争鸣也让我们感到很欣慰。彼得·德鲁克认为,选择一个错误的优先目标也比什么都不去做要好得多。但我们认为,领导和员工就社团的未来进行真诚的沟通(可能会很困难),比什么也不说要好得多。通常,这些讨论都会归结为一个问题:"我们知道要有所作为,但是我们应该做什么?怎样做呢?"

我们这本书的内容回答了社团"应该做什么"和"怎样做"的问题。我们为组织确定了5种实用的、现实的策略,并且告诉社团怎样去执行这些策略。通过阅读这本书，你将学会怎样去：

- 增强优势力量；
- 集中资源；
- 整合项目和服务；
- 协调人与事，实现高效率；
- 必要时放弃一些服务和活动。

《迈向成功——建设竞争性社团的五大策略》是为社团专业人士和志愿者领袖而撰写的。它既是初级读本，又是一本实用操作手册；既包含了适合社团学习的营利性公司的案例，又包含了运用书中的概念并最终取得成功的社团的案例研究。本书是在我们的第一本书《突破传统》完成之后开始写作的，但你没有必要先去阅读《突破传统》这本书，这两本书的内容都是社团发展的参考和指南，都能帮助员工和领导者建立对话，并且提供启发员工和领导者深入思考的可能性；都能帮助你明确给会员提供的最重要、最有意义的物品是什么；也都为怎样领导专业社团和行业组织提供导航图。

我们知道，战略制定过程充满了艰辛。比起制定战略，去追求新的理念和最新的管理思潮更有趣。但大多数成功的社团不会去追求新想法和管理潮流，这也是它们能取得成功的原因。集中社团的力量去制定和实施战略，需要严格的纪律和巨大的决心。

基本要点：那些专注于帮助会员如何减少工作压力，专注于如何使工作更有效率、更有效益的社团，在其未来的发展过程中就能保持竞争力。反之，那些不这么做的社团，只会成为历史记录中的脚注，注定会被时代淘汰。纺织品经销商协会、国际蛋糕糖果供应协会、社区广播协会就是很典型的例子。

我们担心的是你是否有勇气去接受并运用本书中的战略。这些战略能够给你提供新的思考方式、更清晰的决策、有效的计划。更重要的是，它能够让社团在"新常态"下成功地赢得竞争。

Harrison　Mary

目 录
CONTENTS

前　言

第一章　新常态 ·· 1

第二章　增强优势 ·· 9

第三章　评估优势力量 ·· 17

第四章　集中资源 ·· 43

第五章　集中决策 ·· 61

第六章　战略整合：整合项目和服务 ······························ 73

第七章　有效利用战略整合 ·· 83

第八章　精益管理：高效地协调人员和流程 ·················· 95

第九章　识别并消除浪费 ·· 103

第十章　有意放弃 ·· 119

第十一章　首席执行官与理事会的成功之道……………139

后　记………………………………………………147

附录1　延伸阅读…………………………………149

附录2　项目和服务评价矩阵……………………151

注　释………………………………………………153

致　谢………………………………………………158

作者简介……………………………………………159

第一章 新常态

> 人们越来越清晰地认识到如今的经济低迷与几十年前的经济衰退有着根本性的区别。因为我们面临的不仅仅是经济周期的更迭，同时也有经济秩序的重建和更替。
>
> ——伊恩·戴维斯[4]

我们经常以顾问的身份参加理事会会议、远程控制会议和战略会议。我们曾经服务于1400多个非营利组织。虽然他们的类型差异较大，所在的地域也各不相同，但我们在这些不同类型的社团中却听到了近乎相似的意见和疑问。基于这些意见和疑问，我们出版了我们的第一本书《突破传统——社团的五项根本性变革》①。当我们听到来自不同职业，如牙医、内科医生、水管工人、工程师、兽医、律师、汽车经销商、执法人员、便利店主、护士、生产商、校长、银行家等的社团员工，提出类似的意见和担心时，我们开始关注这一问题。我们搜集的信息越多，我们越确信：我们今天所面对的是一种根本性的模式变革。这种模式变革就是我们所说的"新常态"，是一种以今天社团所面临的6大挑战为基础的新常态。为了应对这种模式变革所带来的挑战，社团应该在5个方面做出根本性的变革，我们将这5个变革概括在了《突破传统——社团的

---

① 该书中文版已由中国科学技术出版社出版。

五项根本性变革》一书中。

虽然第一本书《突破传统——社团的五项根本性变革》和本书是相辅相成、互为补充的，但要完全理解和掌握本书，并不需要去阅读第一本书。为了避免你因没读过第一本书而给阅读本书带来的不便，我们对第一本书中所概述的当下社团所面临的6大挑战做一下简要概述。

1. 时间压力

传统的社团模式是时间密集型的，它要求会员拿出时间来履行其作为理事会或委员会成员的职责，拿出时间来阅读社团的各种出版物和电子刊物，拿出时间去参加各种年会和继续教育项目。现在会员们的工作时间比以前更长，也更忙碌，因为他们都是双职家庭，同时又要兼顾日益繁忙的工作日程。他们几乎没有时间安排给家人、朋友以及进行休闲娱乐，他们甚至一直焦虑于检视自己是否履行了应尽的义务。

我们理应关注社团会员们所面对的时间压力，因为现在的社团模式要求会员花大量时间来履行会员职责。例如，一位全国房地产经纪人社团的管理人员曾与我们分享她的经历。过去，当他们打电话给那些退出的会员时，会员都习惯性地反馈"我负担不起会费"。而现在，她听到的答案变成了"我没有时间去做你们的计划和服务项目"。我们应当极为重视社团会员退出原因的改变。

2. 价值期望

在过去社团管理的黄金时代，成为某个职业社团的会员被当作职业人员的标志，公司加入所属行业的行业性社团也被视作一种义务。无论是个人还是公司都倾向于加入所属的行业性社团，并把这看作是"理所当然"的。社团会员"理所当然"地缴纳会费，没有人提出质疑，也不会对社团提出其他要求。在今天，个人和公司都期望他们缴纳的会费能够"物有所值"。社团所面临的证明自身存在价值的压力在逐年递增。

3. 会员市场结构

任何会员市场都是动态的。随着时间的推移，大多数社团的会员市场和成立之初相比，已经发生了重大变化，有些甚至发生了翻天覆地的变化（例如，经济衰退时期银行发生的根本性改变）。许多社团都在努力开拓会员市场，其现有会员甚至已经与最初设定的目标会员大相径庭。行业整合趋势（像已经在出版和教育行业发生的）和专业化趋势（像在医学和会计行业发生的）都要求社团对其在会员市场中服务会员的竞争力进行认真的反思，并且开始审视今天的社团会员在10年之后是否还在社团中。

4. 代际差异

虽然有成见是有百害无一利的，但是很明显，每一代人都有他们自己的价值观。根据《参加社团的代际现状与展望》一文（2006年）报道，X一代和婴儿潮一代的区别不在于他们参加社团的偏好，而在于他们对于会员的意义以及社团能给他们什么样的回报的预期。[5]虽然所有的社团招新部门都十分关注如何吸引并且使年轻的专业人士和新会员加入社团中，但是事实上，几乎所有社团的下一代社团会员都在流失，并且呈加剧趋势。

5. 竞争

过去大多数社团都有自己的专属领域，基本上不需要与其他社团竞争。现如今那种不存在竞争的环境已经一去不复返了。随着服务于各行各业社团的数量急剧增加，社团之间的竞争也越来越激烈。从出版行业到贸易展览再到教育项目逐步蔓延，竞争已经从营利性社团扩展到几乎每一个社团，尤其是来自互联网的竞争改变了游戏规则。对于社团来说，与各种不同的产品和服务供应商竞争的能力（或缺乏这种能力），是一种全新的并且相当大的挑战。

6. 技术

新的技术革命可为社团提供各方面的技术支持，包括：教育、信息、网

迈向成功——建设竞争性社团的五大策略

络、筹款、基层动员等功能。在20世纪90年代初互联网时代发端之际，各社团未能接受新技术及时调整自己以适应时代的发展。在今天如果各社团不能主动去引进和适应新技术，缩小技术所带来的差异，社团就会落后于时代的发展，把自己置于被淘汰的边缘。对于行动迟缓、只是被动适应的社团来说，对近几年新出现的技术革命做出有效的回应是一个很大的挑战。

如果觉得合适……

上面的哪些挑战正在困扰你的社团？请花一分钟时间排列一下。以上哪种挑战排第一位？是代际问题、市场专业化或整合？还是时间压力？不管你把哪一个因素排在第一位，要知道这6种挑战使得社团在响应其会员的相关价值诉求方面日益变得更加困难；同时也让会员更难找出时间来以一种有意义的方式充分利用社团的这种价值。今天，所有的社团都面临这样的问题，只是有些社团面临的挑战更加直接罢了。

根本性的变革

上述挑战的影响很难在短时间内消失，事实上我们所看到的是，所有社团面临的压力正在加速增长。为解决上述问题，我们提出了下面5大根本性的变革措施。如果你还没读过《突破传统——社团的五项根本性变革》的话，为了更彻底地理解这些变革措施，并且学会如何将这些变革措施介绍给你的理事会，我们推荐你阅读一下这本书。我们的许多客户都告诉过我们，他们所有的理事会成员都读过这本书，并就这本书开展过富有成效的讨论。

1. 颠覆治理模式

社团需要的是其理事会由具有卓著实绩的会员组成，而不是仅根据地理位置、特殊利益或论资排辈来确定理事会成员。我们需要的是能够有效管理、领导和控制社团的理事会，而不是管得太细或管理不当的理事会。一个精简的、基于能力，以能够胜任组织未来发展为标准严格选拔的理事所组成的理事会是更有效率的。这个观点激进吗？其实一点都不。事实上，许多社团都是由一个类似规模的执委会管理的。既然如此，何不用更加正式的理事会取而代之呢？

2. 给首席执行官授权，同时发挥员工的专长

对于每一个社团来说，都应该最大限度地利用其员工的时间和专长。无论是志愿者领袖还是员工，成功的社团一定能充分利用其人力资源，做到人尽其才，物尽其用。这些社团不会在理事会会议、没有议题重点的委员会会议、不能响应会员价值诉求的项目或任务上浪费时间。没有优化配置首席执行官和员工资源的社团不能适应新的竞争模式。尤其是社团的首席执行官，作为管理社团的关键角色，在社团管理转型期，必须得到社团理事会的支持。

3. 严格厘定的会员市场

越来越多的社团最初构建的目标市场已经几乎不再存在，而社团却没有随之转型。例如，医药行业。成立于1847年的美国医学学会最初代表了个体经营的医生，他们其中大部分是单独从业者。然而今天，很少有医科学校的毕业生会单独从业。相反，他们会在公司工作，在诊所或大型的医疗服务系统中工作。社团为宽泛的、庞大的会员市场提供服务的时代已经结束了。社团跟有着专卖店、折扣店、厂商直销店、廉价大型零售店以及在线经营商的零售行业百货商店不同。社团需要对它们的会员市场进行严格的区分和分析，因为这些市场今天存在但可能明天就会过时。

4. 合理化的项目和服务

传统典型社团的项目和服务范围大而不当，包罗万象。大多数社团的想法是，如果社团的项目、服务、产品和活动提供得越多，其会员资格就越有价值。可惜，数量不等于价值。社团应该有意识地把资源集中在有限的核心项目和活动上，并且淘汰那些过时的、表现不佳的或没有相关性的项目和活动。通过优胜劣汰，社团可以把更多的资源分配给优秀的项目和活动。比起详细而冗长的任务清单，有限的生产线的好处之一就是使社团能集中资源，有效地促进一些优势项目发展。

5.弥补技术鸿沟

对于大多数社团来说，他们大都不愿意主动在技术革命上进行投入。社团必须确立及时应用新技术的新倾向，并且认可技术在社团定位方面的关键作用。对于社团而言，有效利用新技术并不是一个可有可无的选项，而是不可或缺、势在必行的选择。忽略了这一点，就可能使得我们误入歧途。

未来始于现在

社团面临的局面已经改变。面对这种局面，你的社团正在做什么？期待时光倒流？让我们穿越回那个宽松而缓和的时代简直是异想天开。认为自己的社团会在时代的大潮中幸免于难，那更是痴心妄想。我敢说你已经意识到了诸如会员减少、项目和服务的参与度下降、非会费收入减少等影响。无论你是否愿意承认，这些影响正在发生并且在短期内不会消失。让我们看一看麦肯锡公司全球执行理事伊恩·戴维斯说了什么吧。

一些公司只注重短期生存发展，而另一些企业则试图透过未知的迷雾，思考在这场危机过去一切回归正常之后，他们该如何进行自身定位。可问题就是"正常状态究竟是怎样的？"没人能断言和预测这场危机将会持续多久，从另一个角度来讲，我们发现近些年来企业的正常状态看起来非同以往。新常态将会由一股股强大的力量塑造而成——这些力量有些直接来自金融危机，而有些则是在危机之前就已经存在了（着重强调）。[6]

希望之所在

不管你是社团首席执行官或员工还是志愿者领袖，有了我们，你在社团的经历将可能有一个完美的结局。我们工作最引以为自豪的就是，引导一群人抽出时间，群策群力确保一个组织、专业或行业走向成功。现实中，我们已经目睹了一些勇敢的、革新的决定，并且这些决定取得了惊人的成就。在本书中，我们分享这些事例。

成功的社团有哪些共性呢？他们结构合理，领导员工各司其职、各尽其责。对精细划分的市场有一个明确、核心的价值定位，他们利用技术，遵纪守法，而且深谋远虑。继续读下去，你会发现，成功对你来说唾手可及，并不遥远。

第二章　增强优势

> 明晰什么重要、什么不重要，这么简单的事实也令人无比欣慰。
>
> ——吉姆·柯林斯[7]

新常态环境下社团面临着相当大的挑战，这种挑战性的环境要求社团更专注、更有竞争力以及更善于利用资源。

对于大多数社团来说，要想在新常态环境下运转顺畅并不容易，传统因素依旧在社团运转中占据主导地位。"我们以前总是这样做"奠定了基调。实际上，许多社团运转得更像俱乐部而不是社团，对于这类社团来说，新常态环境下，它们很难、甚至不可能进行必要的调整以促进自身更好地发展。

在此，我们想要说明的是：我们非常了解非营利组织的特性，并且我们几乎一直在和非营利组织合作。在我们过去几十年的工作中，我们目睹了非营利组织的转型。现今发展趋势蒸蒸日上的社团更具有企业特征，并且正在逐步采用以前营利性公司所使用过的策略。虽然对于大多数社团来说，利润并不是其发展的驱动力，但是商业策略却能增强社团的优势力量，并且提供重要的资金来源。在如今这个充满挑战性的经济时代，即使这种商业策略不能给社团提供财源，但至少会给社团提供一种"不亏本"的有益观点。

新常态是一个包含着许多非传统、意料之外的参与者相互竞争的环境。

这种日趋激烈的竞争氛围要求社团用全新的方式来思考如何治理与管理。因此，本书提出了 5 个战略，要想迈向成功，社团需要信奉的第一个战略就是增强优势力量。

增强优势力量生死攸关

由于在战略部署上缺乏经验，社团理事会经常在引导社团增强其优势力量方面做得不够。理事会决策通常不是基于对社团优势力量是什么，以及怎样利用这些优势力量才能获得最大绩效和竞争优势的严谨评估之上。

一些社团首席执行官一般都会服从理事会做出的出于好意但却有瑕疵的决策，虽然这些决策是来自于那些兼职的、时间有限的、一年仅会面两次的理事会成员们。类似的社团就是靠碰运气取得成功，而不是将成功建立在增强优势力量的基础上。这样所导致的后果就是，一些社团盲目开展了很多项目和服务，但很少或几乎没有项目和服务能够在市场上具有比较优势。一些社团在几乎不能增加自身价值、可有可无的活动中浪费稀缺资源。还有一些社团跟随不同社团领导人的指挥棒曲折前行，他们追随现任领导在其任期内所构建的美好愿景，采取进两步、退一步的保守经营策略，而不是增强优势力量来经营社团。更有甚者，还有一些社团甚至都不知道自身的优势力量是什么或者低估了他们自身的优势力量。就如冉·范·伦斯勒（Jean Van Rensselar）在《经销商焦点》中所说的：

> 虽然说知己知彼，百战不殆。然而现实中大多数组织的自我认知是模糊的，甚至不了解自己组织最擅长做什么。它们倾向于把自己具有的优势力量视为理所当然，要么假设竞争对手也有能力做好相同的事情，要么低估自身优势力量的价值，认为这点优势力量不值一提。

发展组织固有的优势力量就像发射宇宙飞船。离开地面之后——一旦你的速度提升起来，有能力从其他竞争者中脱颖而出，接下来你就会以比竞争对手小得多的代价，逐步扩大自己的领先地位，遥遥领先。这一切都建立在一个大前提的基础上，那就是你能够有战略地保护、培养和扩大这些能力。[8]

当社团未能充分利用其优势力量时，它们就会偏离核心资产和资源。对此，相当一部分社团不以为然。更为糟糕的是，有些社团甚至不能发现他们自身的优势力量之所在，以至于他们经常提出一些其根本无法完成的规划或计划。

反思一下现状，现实中社团招募到为组织工作的志愿者之后，通常只是告知他们工作内容，对于他们如何去做，却没有理事会或工作人员给出明确的指导和引领（这是我们和执委会一起共事时，常常听到的挫折和窘况）。仅仅告知志愿者工作的大方向，并不意味着志愿者也能很好地了解社团工作的具体策略。

由于社团理事会的一些理事认为，他们的职责就是为社团的下一步发展提出新的方案、新的提议、开拓新的领域，所以每个人都希望在理事会上提出一种新的服务、额外的收益或是什么"大事"。年复一年地重复类似行为，拍脑袋想出的各种各样的服务项目，很难增强社团的优势力量。假设有这么一个餐馆，每年都有不同的经理把自己喜欢的菜肴加到菜单上，10年、20年之后餐馆会是什么样子？正如我们前面所提到的，这种做法通常会让社团陷入地位边缘化，缺乏专业性，濒临失败的困境。

除了以上这种做法外，有些社团也会陷入盲目模仿竞争对手的困境。例如，零部件制造商会有一个提升会员公司零部件利用率的营销项目。在这个项目中，我们首先做好推广会员单位零部件的公关工作，接下来就是在社会上掀起一场提升零部件利用率的社会活动。然而在这项活动开展之前，我们却没有对这项活动能否增强社团的力量优势，我们是否有足够的财力支撑或是否能从活动中获得必要的专业知识等问题进行过认真的探讨（注：大多数社团志愿者们的营销知识，是来源于他们看到、听到或读到过的商业广告，具体如何进行会员单位产品营销推广，他们几乎一无所知，除非他们是具有专业知识的直销协会或美国广告联盟的会员。我们已经注意到，在社团执委会会议上，是医生或工程师们在对如何修饰广告文案或广播广告指手画脚，而不是这一专业领域有所造诣的专家，之后他们还很疑惑，为什么会上提出的建议没有产出应有的效用）。

理事会成员是否完全了解产品推广的所有情况？社团负责人向理事会汇报过相关情况吗？为什么社团非常擅长向会员传播信息，却对他们顾客市场的信息知之甚少？模仿竞争对手之所以会有价值，是因为在模仿的过程中结合了社团自身的优势力量，如果仅仅是模仿而不结合自身的实际情况，将会成功还是失败？结果不言而喻。

回想一下近年来你已经增加的项目、服务、产品和活动。它们是否能够增强你的优势力量（这是假设你已经花时间弄明白你的优势力量是以什么为前提的。如果你还不清楚，继续阅读，本书下一章会指导你如何明确自己社团的优势力量）？当你进入一个新的业务领域，是否会对社团所拥有的资源如何使用开展讨论？是投资于新的冒险活动，还是再投资到社团做得好的核心区域？如果没有，那么下次开展新的项目和服务之前，一定要对上述问题进行认真讨论。

注意：保持优势力量需要严格的纪律。只有你意识到违反纪律所付出的代价，你才会明白纪律不是在开玩笑。老实说，只是围绕着优势力量开展活动，长此以往会让人感觉很无聊。一直坚持只做最有能力做和最了解的项目和服务，会阻碍社团去拓展新的产品和服务。它意味着要与引导人们追求新奇事物的"新奇事物综合征"（BSOS）进行斗争。遏阻员工和志愿者探索未知领域的新事物，并且教育他们意识到自身的能力所在和市场现状，是一项艰巨的任务。

请不要曲解我们的意图，我们并不反对拓展新的项目和服务，我们也非常重视价值创新。我们只是想提醒各位注意，为改革而改革会导致社团误入歧途，没有深思熟虑的项目和服务会无谓地耗费而不是增加社团资源。要点：我们认为社团的发展，应该是经过深思熟虑、权衡利弊，并且目标明确,有战略规划的,而不是如我们在许多社团中所看到的,在茫无头绪的情况下,硬着头皮上马。

今天的社团在前所未有的竞争环境中运营,社团内部的志愿者对于开展一项成功的、新的冒险活动所花费的成本几乎一无所知。在竞争激烈的市场和多种服务选择的时代,他们很容易严重低估一个想法从抽象概念到具体实施所花费的成本。他们在办公室里傲慢地细数着一个又一个能带来净收入的新项目,以为增加收入只不过是毫不费力地闲庭信步而已。在他们看来,优化整合整个社团的优势力量来争取一个成功的机会是不可思议的。

社团应该比以往更加专注优势力量,有以下几个原因。

竞争 依靠劣势地位同竞争对手相竞争是没有前途的。当社团与资金充足、做工精细的营利性产品和服务提供商齐头并进时,竞争将会异常激烈。尽管就其本质而言,公司是利润导向的,而社团则不是。社团的运营依靠其优势地位搜集市场信息、专业技术、战略地位和日积月累的经验。这些集中经营少数产品,资金、人员充足的公司会给普通的社团带来极大的竞争压力。

不仅公司给今天的社团带来新的挑战,其他的社团也是新的竞争对手。有时社团与会员之间也会在时间、注意力和金钱等方面存在竞争。如果你的社团的优势力量来源于会员而不是社团本身,在会员与社团之间的竞争中,你认为谁会处于不利地位呢?没错,舍你其谁。

采用先进的市场调研、产品开发和营销专业知识的运营模式与典型的社团执委会会议模式形成鲜明的对比。在传统的社团执委会会议模式中,同事们围坐在桌前,用头脑风暴法来研究新的"会员权益"。其中一个人建议,"组建一个采购团队怎么样?"另一个人回答:"这主意听起来不错。"于是执委会主席提议投票表决,结果这项建议以多数票通过。几乎没有过多的思考和分析,没有市场调查,也没有考虑这个项目是否能自我维持……随后大家都在考虑下次会议的提议(没有考虑执委会成员还有其他义务——如管理依靠社团优势力量运营的项目)。

或者想象一下,一个理事会成员在会议上提议采取大型公关活动去为市场中的弱势群体会员维权。在这一刻，所有的成员都忽略了社团几乎完全是技术导向的，社团几乎没有公关、沟通交流和媒体信息方面的经验。同时，也忽视了社团可能没有足够的资金去支撑这一活动。于是，所有的成员都倾向于投票"赞成"，因为只有提议通过，理事会才可以散会，在此情况下，何必要投反对票呢？现实就是如此不幸，许多社团的行动计划就是这样被通过的。

会员增值　在过去较为宽松、缓和的时代，社团可以通过推行新的项目、提供新的服务和产品来为会员增值，社团也很容易得到许多免费的体验机会。但是在市场发育成熟的今天，会员拥有了比以往多得多的选择。造成这一改变的推动者就是互联网。

现如今社团的会员都是懂行、见多识广、有辨别力的消费者。社团应该充分利用自身的优势力量来为会员增值。同时社团需要用纪律约束会员们专注于良性竞争。成功社团的绩效来源于自觉地理解和利用社团的优势力量做社团最擅长的事项。如果你的人力资本或知识产权拥有较高的市值，你就会在市场中拥有独特的地位。如果你的表现优异于其他人，你就会在市场上占据一席之地。如果你有一个能专门为你提供技术支持的强大合伙人，你就具备了成熟的、行之有效的市场营销能力。

如果社团没有充分优化其优势力量，市场绝不会对他心慈手软（你可能在工作中已经或多或少地经历过类似情景）。社团要想在今天这种社会大潮中谋生存，求发展，就必须充分利用其最有价值的资产。

回应"事半功倍"的挑战　随着社团筹集会费能力的减弱，市场竞争的加剧，以及不收会费对社团净营收的冲击，重新优化社团以前未充分利用的优势力量就显得尤为重要。比如社团以前占主导地位的年会，现在却面临着来自专业社团、营利性的企业提供商、自身会员的激烈竞争。社团在进入新的、未知的服务领域后能否继续走多样化的路线？社团是否需要专注于拓展和扩大在其优势领域的投入？或者假如专业社团有能力吸引这一领域中最先进、最专业的技术，那么这样的智力资本是甘愿受一个管理模糊不清的委员会的管辖，还是一个能利用专业技能创造更有价值产出的特别工作小组呢？

未来的社团承担不起优势力量被闲置的后果。任何一个篮球队也不可能让得分最高的球员坐冷板凳。最佳球员在球场上得分越多，球队就越能够取胜。对社团来说也是同样的道理。竞争性市场要求充分利用优势力量去创造更多的优势力量。社团的运营还需要依靠优势力量相互碰撞出更具优势的力量。社团展现的优势力量越多，在市场上你的会员资格就越有价值，同时这一会员资格也会成为会员们不可或缺的选择。

想要同竞争对手一较长短，前提就是明确评估你的优势力量。大多数社团在评估其优势力量方面做得远远不够。你可以用多种方法去发掘你的社团的优势力量，对于这一点，我们将在第三章中进行论述。

第三章　评估优势力量

> 这里的意思不是说你应该放弃修复弱点。你应该知道，问题的关键是：控制损失，而不是发展。正如我们之前说过的，控制损失可以让你立于不败之地，但它却永远不能促使你走向卓越。
>
> ——马库斯·白金汉[9]

大多数社团自认为，他们正在增强自身的优势力量。仔细研究之后你会发现，即使这些社团正在增强其优势力量，也大都会让其优势力量束之高阁，无用武之地。社团对优势力量的分析通常是相当肤浅的。作为顾问，我们也为列出一些非常松散定义的"优势力量"而感到有负罪感（为了努力克服对优势力量肤浅的分析，我们要求社团为他们所有的优势力量排序，以便更好地鉴定哪些优势力量是最有价值的）。总的来说，社团需要更深入地挖掘优势力量。社团必须防范往往政治上正确的优势力量，例如"我们的人"。谁是我们的人？会员，领导，还是员工？他们到底是什么？他们擅长做什么？社团有必要对这些人进行深入、客观、公正、全面地剖析。下列问题会对客观、公正、全面地剖析这些人有所帮助。也许对这些问题的解答，并不能为剖析这些人提供明确完善的答案，但至少它们可以是一个着手点（注意，这些问题只是给你提供一个保持一定距离审视内部偏见的外部视角）。

- 我们的竞争对手会怎样评价我们的优势力量?
- 我们在哪些领域的市场占有率高?
- 其他竞争对手在哪些领域与我们竞争,他们会一败涂地?
- 如果让会员和我们玩"词语联想"游戏,当我们说"某某社团"时,他们第一反应会想到什么单词或短语?
- 如果让会员确定一件我们做的、对他们帮助最大的事情,他们会说什么?
- 目前我们没有做但应该做的,能够扩大我们现有优势力量的事情是什么?

确信社团运营所依赖的优势力量是真实存在的,而不是子虚乌有的海市蜃楼。社团员工和志愿者经常会过高评价他们所在社团的项目、服务或活动现状。尽管相信自己社团的实力没有错,但也要注意不要盲目崇拜自己的社团。社团真正的优势力量在市场上是有价值的,会让人们心甘情愿地为它投入时间和金钱。要点:人们愿意通过支付(换句话说,开一张付款支票)来获得使用真正优势力量的机会。

有时所谓的优势力量可能是一些项目和服务,它们能够在市场上给社团创造非常大的价值或优势;优势力量也可能是用来发展或传播社团价值主张的潜在能力;优势力量还可能是在社团定位、沟通交流、市场营销或关系处理中的关键因素。下面是分析优势力量的一种方法:

- 对于我们的会员来说,社团什么样的项目、服务或其他产出是特别有价值的?
- 社团什么样的体制、流程、运作方式对于让渡价值是至关重要的?
- 社团在其传播、定位、营销和关系方面的优势是什么?

除了对优势力量的分析是肤浅的之外,社团通常对自身优势力量的了解也是不充分的。即便是一些无形资产或资本难以衡量,每个社团也应该尽力对自身的优势力量、资产、资源、资本等有一个全面、详细的了解。

确定和评估社团优势的另一个方法,就是把社团所拥有的全部装进贴有资产、资源、能力和无形资产这四个标签的"水桶"。虽然对每一部分内容的理解和界定不同，四个"水桶"的内容难免有交叉重叠，不过没关系。这个简单的办法足够帮助你深入分析社团的优势力量所在了。

资产 根据我们的需要，我们把资产定义为"有价值的有所有权的物品"。我们第一个想到的资产就是社团总部的设备。总部大楼是优势竞争力吗？我们是否充分利用了这种优势竞争力？例如，科罗拉多州汽车经销商协会（CADA）的总部大楼，给他们举办各种活动提供了便利。他们利用总部大楼举办招待会、新闻发布会、宴会以及与经销商、慈善组织、其他协会、媒体、公众的会议。CADA理事长蒂姆·杰克逊（Tim Jackson，CMP，CAE[①]）说，"社团的设备通过召开会议、论坛和接待会等形式实现他们的价值。总部大楼在持续发挥作用，我们每天都有一个或多个利用其功能的活动。我估计我们平均一周有四五天都在利用大楼主办各种会议或活动。"举办招待会为社团提供了与组织委员和监管者见面的珍贵机会，召开会议把社团和会员联结起来，举办论坛也使得社团与媒体以及其他有重要影响力的组织建立关系。

得克萨斯州出庭律师协会（TTLA）2000年在紧靠得克萨斯州议会大厦的地产上修建了六层高的总部大楼，现在总部大楼已经物尽其用，实现了价值最大化。当立法机关在开会时，协会的厨房和餐厅被租用于午餐和日常接待会。同时，也为会员和组织委员商谈关键性合作提供了一个非正式的场合。社团有独特的场合明确有力地展现他的地位和影响力。同时总部大楼也带来了经济收入，得克萨斯州出庭律师协会自己仅占用了总部大楼其中的两层，其他楼层高价出租，使其产生好的效益。

丹佛牙科协会计划通过修建区域性的教育中心，在继续教育领域占得一席之地。这个区域性的教育中心不仅可以作为总部办公的场地，也可以为牙医的临床实践提供先进技术和现场操作场所。执行总裁伊丽莎白·普莱斯（注册社团管理师）指出，社团将与区域性的教育俱乐部和发展成熟的教育提供商合作以便把方案付诸实践，区域性的教育中心也可以为召开大型会议

[①] 译者注：CMP，Certified Meeting Professional，注册职业会议筹划师；CAE，Certified Association Executive，注册社团管理师。

提供场所。普莱斯同时也强调，即使继续教育项目用不到继续教育中心，丹佛牙科基金会（MDDF）也会把继续教育中心用于"再次微笑"项目和其他未来的项目来为病人服务。

尽管上述这些社团正在最大限度地利用他们最有价值的资产，但是现实中还是有一些社团仍然没有有效地利用其有形资产——空余的教室、办公室，一年也用不了几次的豪华会议室。

社团另一个共同的资产是展览会或重要的年会，这些展览会或年会通常是利润丰厚的业务。大多数社团把从展览会或年会中获得的利润用于开展众多项目和服务。需要注意的是，过度榨取展览会和年会去资助其他项目和服务有一个缺点：如果展览会和年会持续投资失败，就会造成社团竞争性地位、声望、收入的损失。在投资其他活动之前，要确保展览会和年会有足够的利润收入。

有人可能会问：如果我们资助的项目和服务那么有价值，为什么还需要去资助它们？为什么不对这些项目和服务收费以收回成本？当资源本应该被更好地再投资到盈利的、有竞争力的展览会或年会时，却被用于投资边际服务，这是否是在浪费资源？

社团还有几个其他共同的资产：品牌、商标、培训项目、成熟的课程、会员/非会员的邮件名录。要点：你是否会为了社团和会员的利益充分利用资产？例如，你是否把会员资料库看作是重要的和独特的资产？你的竞争对手可能会说："他们不懂得利用自己拥有的资产，如果我们也能拥有这些资产（品牌、商标、培训项目、成熟的课程、成员资料库、年会等），我们早就发达了。"

资源 是指可以为社团提供，尤其是在急需时可以随时利用的补给、支持或帮助的来源。

社团的志愿者基地通常被确定为一种优势竞争力。行业协会通常能够接触到行业领导者，专业社团能够吸纳这个专业中最优秀的人才。这些人力资本都是巨大的潜在资源，但是很少有社团能有效地优化利用这些潜在资源。

公司理事长们或行政主管们每年都会在社团召集的没有意义的社团理事

会会议上浪费成千上万小时，专家们每年在没有成效的社团委员会会议上浪费成百上千小时。如果这些时间都是需要付费购买的，按照市场价格，社团需要为理事会成员、委员会成员、特别工作组的志愿者们支付多少时间费用？这些会议消耗了如此巨量的资源，社团从中得到了什么？

不断增加的时间压力以及对于时间投资回报更高的期望，会让社团在未来如何利用这些资源面临更多的挑战。会员拒绝成为理事会的一员，最常见的拒绝理由就是"我没有时间"。社团工作占用了行政主管和专家大量的工作时间和生活时间，行政主管和专家正在绞尽脑汁地思考他们应该如何分配一天的 24 个小时，才能更有效地安排好社团工作和个人生活，之前他们根本不需要进行类似的思考。他们不会在零产出和不能发挥个人专长的理事会或委员会议上浪费时间。更进一步，随着会员所在公司裁员压力的加大，以及社团安排给会员工作任务量的增加，要让会员为了参加社团组织的活动从各自的公司请假，变得越来越不现实。

社团另一个与时间相关的问题是：有决策权力（出于公司利益对公司事务拍板）的高级行政主管们，通常自己几乎没有时间参加理事会会议，他们进入理事会之后，经常会让公司的中层管理者去代行其职。而这些代行其职的管理者缺乏相应权限，他们在请示公司总部或者说服公司高层之前，是无法承诺给社团提供资源的，从而会延迟社团的项目，阻碍社团发展的趋势和势头。

利用社团的志愿者基地人力资源的传统方法就是让志愿者为理事会服务和参加各种委员会。但是对于日理万机的行政主管和专家来说，在一个大的、橡皮图章型的理事会中担任理事很难体现其价值。你必须经常自省：如果我们被问及针对理事会成员人力资本的集体价值利用和开发了多大比例？志愿者领袖和社团行政主管经常回答"不到 20%"，这真是一个让人沮丧的体制。

不管是现在还是以后，对于行政主管和专家来说，在社团执委会中任职几年可能都没有多大吸引力。有多少执委会能真正发挥作用？公司的行政主管和专家怎么会有时间和兴趣参加没有效益的活动？

我们相信任务明确、时间有限的特别工作组或工作小组是利用志愿者资源的首要模式。我们也喜欢把特别工作组或工作小组称为"快速行动小组"或"突击小分队"。在特别工作组模式下，志愿者明确知道任务是什么，知道任务该投入多少时间，知道特别工作组或工作小组将处于任务优先模式。近年来，社团已经朝着特别工作组这种模式发展，但是他们更倾向于委员会而不是特别工作组，而我们的需求却恰恰相反。我们有位客户有着100多个委员会，你可以设想一下，这100多个委员会中有几个能有效利用资源并发挥作用。

所有不符合下列标准的委员会，都应该被解散：①要求志愿者拥有专长；②每年定期组建。其余提议应要求志愿者按特别工作组或工作小组的方式进行。

考察一下美国空气流通控制学会（AMC Institute），一个为了管理学会下辖公司所组建的行业社团。这个组织管理了上千个学会。美国空气流通控制学会没有委员会，他们大量地使用社团志愿者来开展工作。在工作中他们完全依靠特别工作组来激发会员的活力，事实证明，这一办法卓有成效。

接下来，我们分析一下作为人力资源的社团职员，很显然这一资源在当前的社团模式中也没有被充分利用。回想一下近期的会议：当理事会或委员会就一个问题展开充分讨论时，员工作为旁观者，静静地坐在一旁。也许员工对理事会或委员会讨论的这个问题有真知灼见，可能他们比会议室里任何人更清楚这个问题应该怎样解决，但他们没有发言权。这是一个典型的没有充分发挥人力资源优势力量的例子。在社团管理中，还有很多类似的例子，这只是冰山一角。

除了在决策时不征求和采纳员工意见外，员工资源也以不同的方式被浪费。有着巨大潜力的一个员工却在负责琐碎的日常行政工作；在手把手地指导志愿者；就像跟着兔子跑进兔子洞一样，在追求出于善意的但却不成熟的提案。有些社团的理事会很快认识到员工也是社团的重要优势竞争力，但却由于不能与员工建立良好的伙伴关系，使得这种优势资源加倍流失掉了。

除了人力资源以外，社团的另一个重要资源就是他们的财务状况或储备资金。尽管一些社团把能带来巨大纯收入的来源界定为一种资源，从这个意义上说更应该被界定为储备资金。毫无疑问，储备资金是一种当需要时可以随时用上的支持资源。大多数社团面临的唯一问题是没有人知道应该什么时候动用储备资金，这也就抵消了储备资金作为组织优势力量的价值。

我们认为你不能或不运用某一种资源时，很难把这种资源看成优势力量。想一下卡罗来纳联合总承包商公司前任首席执行官史蒂夫·班尼特（Steve Gennett）所说的话："我认为社团高估了建立和维持储备资金的作用。我在公司工作了43年，公司必须取出储备资金来应对压力的状况只手可数，总共不超过三次，也许它的作用只是告诉我们'大不了我们可以用储备资金来支持这一项目'而已。"[10]

在我们看来，社团的储备资金也是未被充分利用的资源。事实上，公司与社团的根本差别就在于其财务战略不同。大多数公司充分利用他们的财务状况，不惜举债；而社团恰恰相反，他们在屯钱居奇。我们很难认同社团的这种做法。

在近期的战略会议上，亚特兰大公寓协会的领导认为在技术平台上投资远比积累储备资金更加重要。事实上，我们认为至少在短期内，社团应该有意降低储备资金，并且把资金投资到技术能力建设上。正如我们在《突破传统——社团的五项根本性变革》这本书中所写到的，卡罗来纳联合总承包商公司把储备资金投资到投标软件开发上，最终它获得了160万美元/年的收益。[11]

能力 在本书中，我们把能力看作是可以利用和发展的品质、才能和资质。确定社团的能力可能需要进行深入探讨，你的社团最擅长做什么？你的组织通常在哪些方面做得比其他组织好？你的组织在哪些方面表现得好，从而能在一定程度上比其他组织优秀？

快速反应能力也是社团的一个主要优势力量。拥有快速反应能力的社团，能够对突发的紧急情况做出及时、有效的回应，例如，个人护理品委员会下辖的公共事务委员会，当他们面对维权人士通过熟练运用社会媒体对其行业惯例进行抨击时，公共事务委员会通过有效利用社团的科学研究成果，成功驳斥了维权人士的主张。

在战略计划会议上，密歇根注册会计师协会对他们最有价值的能力进行了深入的分析。在诸多讨论和自省之后，协会最终得出结论：他们最擅长于管理项目。不管是有多大的挑战还是多么困难的目标，他们都能有效地组织和管理关键环节来确保工作顺利完成。这种项目管理能力是协会的核心优势力量，因为它可以转化为一种明确哪些会员具有挑战性，并创建一个项目去解决这种挑战的能力，同时它也能够实施一系列实现会员增值的计划。

无形资产　我们把无形资产定义为不能被触觉感知的、有价值的物品。想一想社团的商标，许多社团的商标都很好识别。大多数情况下，商标给我们传达了一种正面的形象。但是，社团真的得到了从商标身份中所获得的全部好处吗？在你所做的每一件事情中，包括传播和交流活动，商标都无处不在吗？社团的商标被很好地设计过吗？在升级和发展过程中，商标是否具有连贯性？

我们发现很多拥有分支机构的全国性社团，其分支机构没有使用和全国性社团一致的商标。真不知道他们在想什么？从根本上来说，同一个组织，拥有一个强大的、全国性的识别商标与持有23个不同的标识相比，哪个更有价值呢？答案是显而易见的。

另一个共同的无形资产是团体。处在某一行业或专业中的会员对他们的社团有一种归属感，你的社团是否充分利用了这种归属感和集体感？你能否意识到这种把会员聚集起来相互慰藉、共同探讨面临的挑战，群策群力解决问题的力量呢（注意：在我们看来，在一个竞争超过忠诚的环境里，只有亲和力是远远不够的，相对于"为了维护秩序"，会员的期望会显得更为重要）？

一个社团的动力也是社团重要的资源。当会员增加、参与度提高、新服务的利用率超过预期值时，社团就会有潜力去利用其动力。动力可以是一个强有力推动新倡议的执行并且能够减少风险的工具。当合伙人了解了每个会员的能力，开始彼此依赖时，动力也能帮助他们在相互之间构建信任，同时敞开以前紧扣的胜利之门。

第三章 评估优势力量

在一个由我们促成的，为期两天的战略务虚会上，与会代表就社团的一系列核心优势力量达成了共识。第二天，一位参会的人员说："我们错过了最重要的优势力量。如果你看一看近年来我们的业绩，你就会发现我们所取得的进步是可圈可点的。现在我们能够做以前不能够完成的事情，我们的发展潜力是巨大的。我们最大的优势力量是我们的动力。"与会代表没有人反对。然而在实际生活中，社团经常忽视无形资产的优势力量。我们从中得到了什么样的教训呢？那就是不要忽视你的无形资产，它们很重要。

社团地位本身也是有价值的。它可能只是行业或专业中的高资历，或者是因行业或领域的发展而随之增值，当然也有的在不断贬值。我们提到的案例中有类似的社团，有的社团处在一个不利于行业发展的提案逐步被提上日程的大环境；有的社团虽然在其专业领域有着强大的科学与研究能力，但是这一专业领域的市场却充斥了大量七嘴八舌的消极说法。

名誉是社团的又一个无形资产。我们试想一下，社团良好的名誉能否有助于你积极主动地解决一些新问题？能否帮你与监管者、立法者建立联系？社团的名誉能否支持你召集行业内所有重要角色举办行业会议？许多社团已经成立很长时间了，长期以来他们信誉良好，始终如一和值得信赖，这让他们成为可以信任的合作伙伴。名誉通常能够转化为一种让工作快速、有效完成的能力。

知识同样可能是社团最有价值的无形资产之一。人们都知道，知识就是力量。你的社团的知识库里有什么？出于你所服务的行业或职业利益，你是否开发利用过知识库？你能充分利用和调动这些知识吗？不管是个人还是社团通常都会低估自己所拥有的知识的价值。设想一下，如果每一个人都对自己了如指掌，其结果会怎么样呢？当然，这种假设肯定是不现实的。

上文所阐述的将社团所拥有的装进四个"水桶"的方法，为明确和评估你的优势力量提供了一种有效的思路。有时这种尝试会让你脑洞大开。如果你罗列不出你的社团所拥有的优势力量（这本身就具有教育意义），你应该去反思。如果你能够把复杂的优势力量清楚地表达出来并为它们排序，定会为将来发展打下良好的基础。

核心业务

因为真正的优势力量通常很难确定，所以除了"水桶"方法外，我们又提出了几种方法来确定优势力量。有的人把优势力量称作"核心业务"或"核心竞争力"。

克里斯·祖克（Chris Zook）在《主营利润》一书中，将核心业务定义为"包括产品、能力、顾客、渠道和地理位置在内的，能够界定公司（公司在此解读为：社团／协会）的本质或期望目标是什么的集合"。[12]

祖克提出的"目标集合"这个概念非常适用于社团。典型的社团模式就是：项目和服务、会员市场、分配、地域范围的集合。但是传统的社团集合已经不能适应现在的环境。社团的项目和服务往往比以前更加没有竞争力。要想取得优秀的业绩，社团必须有效利用自身的能力，但许多社团在这方面显然做得不够好。

为了确定社团的核心业务，你需要思考下面的问题：

- 我们最活跃和最重要的会员是哪些人？
- 我们比其他社团在哪方面做得更好？
- 能够把我们与竞争对手区别开的项目或服务是什么？
- 对我们的会员来说，社团的哪些项目、服务或活动是最重要的？
- 我们做了哪些会员自己不能做并且非会员无法得到的项目、服务或活动？
- 我们最重要的传播渠道是什么？
- 社团还有哪些资产或资源有助于解答上述问题？
- 在社团中哪些项目或服务能顺利运行并成效卓著？
- 我们在哪个领域中缺乏资源；从财政或人力资源的角度来看，我们在哪些领域缺乏足够的支持（思考这些问题会帮你核查是否丢掉一些核心业务）？

分析和回答这些问题，会帮你在确定社团的核心业务方面，带来一些有价值的启发。

核心竞争力

不论称之为优势力量、核心业务，还是核心竞争力 [如 C.K. 普拉哈拉德（C.K. Prahalad）和加里·哈默尔（Gary Hamel）在他们 1990 年的文章《公司的核心竞争力》中称之为核心竞争力]，要知道社团的竞争力是日积月累积淀而成的，在竞争日益加剧的大背景下，核心竞争力是排列社团竞争地位的关键因素。当我们努力发掘自身的核心竞争力时，我们必须特别关注那些让我们在竞争中占据优势地位的核心竞争力。

哈默尔和 C.K. 普拉哈拉德对核心竞争力设置的标准，给社团志愿者和管理人员分析和增强核心竞争力提供了又一个评价模式。他们设置的判断竞争力是否"核心"的三个标准是：

（1）竞争对手难以模仿；

（2）能够用于多种产品或进入多个市场领域；

（3）造就终端用户体验价值。[13]

当今，大多数社团的项目和服务很容易被其他社团复制。我们估计，只有你的社团能够提供而其他社团不能提供的服务项目并不多。在竞争中，速度和持续创新是领先于其他竞争对手的关键因素。但是一些社团由于受资源有限或冗长的志愿者审批流程的制约，而特别不擅长于速度和持续创新。所以，社团的成功，需要更有效地开发会员和员工的智力资本，提升竞争优势，以及加快志愿者批准流程（注意：如果你的社团以一种类似州参议院的模式来运营，基本上你每年只有一次机会能推动社团向前发展。除非你足够幸运能成为极少数关键人物之一——有能力在休会期召开临时理事会）。

竞争力不是一种产品或一项服务，而是一种能够在多个项目、服务或市场中创造价值的内在能力。一项研究认为社团主要的核心竞争力是利用会员库的能力。会员库可以被用于群众基层活动，也可以通过委员会或特别工作小组发挥它的专业技能，或者用于教育产品的市场开发。其实不管出于什么目的，只要社团有能力把会员集中起来，利用他们的优势力量，这种能力就可以被看作是一种核心竞争力。

核心竞争力也是价值问题。你所拥有的真正能够增值的东西是什么？社团领导者可能对什么有价值的东西言过其实，但只有会员和市场才真正能确定什么有价值。看一看会员参与度以及市场上正在销售什么产品能够确定你在哪个领域有价值。参考会员调查结果来确定会员为什么愿意加入并且留在社团。这些特定问题能帮助你确定自己的价值。

刺猬法则

吉姆·柯林斯是评估优势力量的集大成者。在《从优秀到卓越》这本书中，他介绍了"刺猬法则"。之所以称为"刺猬法则"，是因为刺猬"知道一件大事"，并且"它能够简化所有的挑战和困境——事实上是简单的刺猬思想"。[14]因此，"刺猬法则"就是"一个简单的，却能对下面这些问题有深刻理解的法则"。[15]

1. 社团是否全身心、满腔热情地致力于某种产品、服务或市场？
2. 社团是否是最擅长提供这种产品或服务的组织？
3. 这种产品或服务是否是推动社团的经济引擎？

社团会员、志愿者、员工通常全身心、满腔热情地致力于他们所服务的行业或职业，这种热情是其他竞争对手缺乏的一种独特的资源。但是今天空有热情并不能推动社团发展，社团充斥了对组织空有热情却无所作为的会员。热情必须能够引发会员的价值创造力或者增强社团传播这种价值的能力。

如何在同行业中做得最好？实际上，现阶段许多社团提供的产品和服务都很一般。想一想你所能提供的哪些产品或服务是世界上最好的呢？尤其是对规模较小的社团来说，这是一个重要的问题，也是一个相当大的挑战。

推动经济引擎，创造经济效益可能是社团需要遵守的最简单的"刺猬法则"。按照"刺猬法则"，一般的社团可能要排除他们80%~90%的业务，因为这些产品、服务和活动不能推动经济引擎创造经济效益。通常来说，社团对他们所提供的产品和服务资助太多。把资源集中到能够推动经济引擎创造经济效益的产品和服务上，并且在这些产品和服务上重新投资是社团的一项重要战略。经济引擎测试能检测和识别什么是优势力量，市场用财力来验证优势力量的大小。税收与价值相关，同时收入也能为社团创造机会。

弱点或问题陷阱

社团与其关注优势力量，为什么不用它去弥补弱点呢？为什么不去有效解决问题呢？去争论是否需要纠正缺点或解决一个问题是困难的。要想成为世界一流的组织，我们应该找出那些薄弱环节，积极地解决问题，为追求卓越而努力奋斗，这是毋庸置疑的。

然而，解决问题和弥补弱点仅仅会让我们返回常态。在常态环境下，社团不会自动朝着目标或任务前进。归根到底，基本的弱点真的被弥补了吗？部分专业或行业所面临的问题远远超过了一个社团解决问题的能力，然而社团领导通常受制于会员压力，而没有真实地评估零散地扩散宝贵财力和人力资本对社团来说意味着什么。所有的组织都不能忽视弱点和问题，尤其是当这些弱点和问题普遍存在时，在优势力量上投入时间和精力是更有生产效率的。社团要做的就是减少弱点，增强优势力量。

试想一下，一个小学生，他可能对数学或科学感兴趣，也可能对艺术或人文科学更感兴趣。某一门课程他可能学得比较好，老师和家长会怎么做呢？他们关注孩子的弱势科目，针对弱势科目进行补课。然而，学者马库斯·白金汉（Marcus Buckingham）的研究表明，家长和老师应该在学生感兴趣或有天赋的科目上投入更多的时间，应该根据他们内在的优势来鼓励学生挑战未来。白金汉说："当你在你的优势力量领域加大投入时，你会清楚地看到效益倍增。你的优势力量会产生乘数效应，在优势力量中投入时间、精力和增加培训，你会得到指数递增的巨大回报。"[16] 同理，这一原理也适用于社团，社团的优势力量也会产生"乘数效应"。

当你致力于增强优势力量时，就像冉·范·伦斯勒所说的："你做到了主次分明，正在'重视你主要的东西'和'忽视你次要的东西'。"[17] 从长远来看，尤其是人力和财力资源有限时，聚焦优势力量是一个有效的战略。

最后，注意克里斯·祖克在《主营利润》一书中写到的："我们发现当大多数管理团队振兴公司发展时，他们关注的是表现不佳的业务部门。我们认为公司要想发展，必须专注于如何增加表现最佳的业务部门的业绩，而不是现阶段他们的业绩如何。把最好的业务放在最好的位置，这样才能进一步推动公司更好地发展。"[18] 这些道理同样适用于社团。

理想状态：优势力量与机会相匹配

既然你已经明白了你的优势力量是什么，是时候严格提炼优势力量，把它们减少到一两个了，这样你才可以把优势力量作为优先选择以充分开发利用。

我们在此所阐述的理想状态是指社团所面对的环境恰巧提供了一个机会，这个机会与你的核心竞争力完美匹配。理想状况是假设你能够纵览市场全局，一直处于研究发展的顶端，对会员有较大的影响力，能借鉴公司的运营或专业实践方式改变自己，引领并紧跟主流的发展趋势。

在教育行业，当一项新规则被实施时，行业内地位较高的教育类社团会优先获取这一机会。就像税法发生变化时，注册会计师协会首先要进行解读，制造业行业协会也会对这个新规则进行应对一样。会员们需要知道如何有效地把社团的潜在消极成本或压力降到最低。

获得认证代表了在某一领域为处在不同事业阶段的会员提供必要的专业知识库的潜力。例如，行业教育已经成为加利福尼亚社区管理者协会（CACM）成立以来的第一要务。长期以来，提供行业教育已经成为协会最具竞争力的优势力量。在成立之初，CACM仅在加利福尼亚公共利益发展（CID）行业开展业务，也没有明确的核心竞争力或实践标准。后来，CACM专注于行业教育，通过创设项目、开展活动、组织会议、开发课程等一系列活动，为推行专业化的社区管理标准奠定了基础。

CACM还开创并推行了社区协会认证经理（CCAM）项目，这一认证已成长为加利福尼亚州认可的职业成就标志。随着行业的发展，CACM认为协会有必要确立一种高级职业培训和高水平认证。为此，CACM启动了为期五年的研发，协会开发了几个核心的高等教育和认证程序。在研发过程早期，CACM的研究表明，一旦通过社区协会管理者认证之后，并非所有的社区管理者都有继续深造达到硕士研究生水平的打算。这一研究观点催生了专业证书课程的开设，这一课程认证现在已经拓展到高层建筑、大型企业、投资组合和成人社区管理领域，该课程还计划在不远的将来推出社区建筑商认证。2011年，CACM颁发了第一份认证证书，同年社区协会管理硕士（MCAM）认证也开始启动。这些认证项目现在已经被其他州引入，类似的协会开始复制CACM模式。

再举一个关注优势力量的例子。明尼阿波利斯地区房地产经纪人协会（MAAR）意识到该协会的房产上市服务系统（MLS）数据将会是一座取之不尽用之不竭的金矿，会为协会带来滚滚财源。通过利用这些丰富的、详细的即时信息，协会开始汇编实用的、有意义的也可能是最重要的当地的指标，如挂牌量、完成交易量、每月房屋成交平均所需天数等。结果，协会的年度报告一炮走红，从协会的简化报告到丧失抵押品赎回权的报告，这是郊区和城市居民的一页"本地宣传员"报告，也是整个明尼阿波利斯圣保罗地区的最为稳健和视觉上令人赏心悦目的年度报告。

消息传递得很快，协会的报告也随之名声远扬。明尼阿波利斯地区房地产经纪人协会随后组建了一个下属公司，叫做10K研究和营销公司。10K

研究和营销公司与明尼阿波利斯地区房地产经纪人协会、房产上市服务系统组织、经纪人以及北美其他房地产公司合作来制作视觉上引人注目的报告、互动工具、视频和信息图表。明尼阿波利斯地区房地产经纪人协会的24个会员中有7个在投身于10K研究和营销公司的运营,其他会员也经常参与公司营销和管理内部组织等方面的工作。

在不到四年的时间里,10K研究和营销公司已经从1个房产上市服务系统获取数据发展到现在从150多个房产上市服务系统中获取数据,现在它给250多个战略伙伴提供符合市场趋势的产品。我们喜欢10K研究和营销公司对自身的描述:我们提供知识分子认为有价值的知识以及消费者需要的"啊哈"!

优势力量与机会相匹配

当把优势力量与机会相匹配时,一个简单的矩阵模型会有所帮助:

高影响力趋势	社团的第一个优势力量	社团的第二个优势力量	社团的第三个优势力量

在顶部排列出社团的优势力量,在每一列中列出高影响力的环境趋势。对于每一个趋势,指出社团的每一个优势力量与每个高影响力的环境趋势的匹配程度(高、中、低)。社团应该重点关注,并将资源汇集于匹配程度较高和优势力量利用较好的领域。

坚持优势力量会扼杀创新吗？

人们对于社团界的价值和创新的重要性有过许多讨论。如果社团通过自律来专注于自身优势力量，会限制它的创新能力吗？

首先，我们需要弄清楚什么是创新。许多人把创新与创造力或提出新的想法相混淆。然而，创新除了包括创造力和新想法之外，还蕴含着更多的含义。从想法到创新需要一个漫长的过程。

在《管理——任务、责任和实践》一书中，彼得·德鲁克写道："只有新产品或新业务在市场上建立之后，才会有'创新'。这一思想现在被人们接受，基本原则是：在产生想法上每花费1美元，必须在'研究'上花费10美元，来把想法转化为新发现或新发明。在'研究'上每花费10美元，至少要在开发上花费100美元。在开发上每花费100美元，需要花费1000~10000美元在市场上推介新产品和新业务。"[19]

印第安纳州牙科协会（IDA）的编辑委员会就在进行创新运动，在旧的业务领域创建了一个"新的业务"：继续教育（CE）。公关部主管威尔·西尔斯（Will Sears）在和编辑委员会合作过程中，发挥了积极主动的作用，并且提出了创造性的想法：如果继续教育自学课本能包含各种各样的主题，就会更加吸引牙医和口腔卫生保健师。他们出版的教材《基础》，开通了在线服务，学员可以通过IDA网站特殊设计的板块来反馈他们的意见。课程结束之后，网站的在线系统会自动通过电子邮件给学员发放其继续教育电子证书。

在印第安纳州，牙医每年必须完成20个小时的继续教育，其中至少应该包括10个小时的现场培训。这本新书和在线提交完成的内容，能够为会员完成继续教育要求中非现场教育部分提供可靠的选择。每个学时只要20美元，参与者能够轻易负担得起，并且他们不需要离开办公室，就可以在线学习。

为了降低生产成本，西尔斯发动IDA会员帮助招募牙科领域全国知名的并且愿意为这本书免费提供专业意见的演讲家和作者。随后，他使用 IDA 自己的网站委员会来监督网站升级的功能。

本书出版时，《基础》一书的首次销售额已经突破了 16200 美元。随着 IDA 网络广告的投放，以及其他州牙科协会为了促进会员资源合理利用，而和 IDA 使用利润共享模式，这本书的销售额很容易再次取得新高。

如果普通的社团只愿意把储备金用作应急备用资金，而不愿意把它用作研究和发展资金，那么社团的财政资源没有真正创新。大多数社团习惯于积累储备金"以备不时之需"，所以对这些社团来说，把储备金用作研究和发展资金的想法是一种根本的变革。对于一些社团来说，对非常落后的技术软件升级需要大量的资金，因此必须动用储备金的紧急情况已经来临。对于其他社团来说，会员和收入的快速下降意味着需要用储备金来弥补财政赤字。虽然我们同意社团应该明智地使用储备金，但现实情况是，我们发现太多的社团拒绝使用储备金，因为他们认为现金储备给社团的财政状况带来的保障作用，要远远大于其带给社团会员的益处。

既然我们已经明白了什么是创新，那么想一想如果无法增强社团优势力量的创新会产生什么后果。创新很困难，尤其是在发展成熟的市场中寻求创新更加困难。尝试创新的成功概率只有十分之一，甚至更低。正因为这么低的可能性，所以我们认为社团唯一明智的做法就是基于自身优势力量进行创新。

面对挑战或机会却缺乏必要的优势力量怎么办？

当面临社团自身缺乏必要的组织能力或资源的状况时，应该怎么做？当面临机会或挑战，但社团又缺乏必要的自身组织优势力量时，应该怎么做？

我们认为，社团的当务之急就是接受和运用先进技术。目前，对于大多数社团来说，技术不是一个优势力量。尽管新兴的技术条件是数字化和网络的基础，但许多社团现在仍然关注面对面和书面形式的交流。在今天的环境下，社团面临的问题是，我们怎样利用技术来进一步加强我们的优势力量？

如果社团有一个强大的继续教育和传统论坛、会议、研讨会的专业发展菜单，社团应该专注这种优势力量。社团应该以教育领域受尊敬的地位和可靠的内容质量为基础，运用互联网技术，逐步向在线研讨会以及其他在线学习渠道转变。同时，社团也应充分利用应邀出席继续教育项目和贸易展览的专家资源，把专家在活动中的音频、视频资料做好保存和归档，不管是为了销售的目的还是把它们作为会员利益的一部分，社团都应该在会后通过整理，把资料再利用起来。

总之，专注优势力量而不是对着弱点唉声叹气，这样的战略能够为社团创造更有影响力的地位，同时也能够激励志愿者和员工。因为一顺百顺，一通百通，每一个人都会对加入有能力和活力的组织感兴趣。

CEO 的角色

市场上的机遇和挑战并不总是和社团的优势力量保持一致的。这时，社团面临一个两难选择。社团下意识的第一反应就是恐慌，同时关注让薄弱领域变得更强。但通常社团能够找到一种对自己有利的方式去关注这一状况或问题，这需要社团坚定地后退一步，从而用一个更宽泛的视角去观察问题，避免一叶障目不见森林的情况。尽管有一些志愿者领袖能做到这一点，但毕竟只是少数。这种情况下，员工的观点通常能带来有意义的启发，并且提供一个重要的视角，让人脑洞大开。

建立优势力量说起来容易，做起来难。它需要社团实事求是地投入精力和时间，对自身进行严谨的分析，优化整合开发创造力。不是以谋求绩效为目的的大型理事会可能会纠结于这些要求，不给 CEO 授权的理事会也会阻碍社团的发展，并且不能真实地评估社团的优势力量。

不要低估社团分析优势力量所花费的成本。在《从优秀到卓越》一书中，柯林斯提到他所研究的一些公司，这些公司花了四年时间才弄明白他们的"刺猬法则"。[20]你知道有多少理事会能做到这种程度的自我反省和分析吗？几乎没有。即使他们已经做了自我反省和分析，理事会换届也会让这种尝试半途而废。只有被充分授权的CEO才能牢记职责，保障社团工作的可持续性，继续推动这一进程。CEO必须是社团的战略管家。

一旦确定了自己的优势力量，社团要做的工作就开始了。社团需要制定纪律，需要采用一些创造性的方法。典型的，尤其是最近组建的理事会，他们在制定纪律和采用创造性的方法方面并不擅长。传统的理事会会议主要是汇报上一次会议以来社团实施的活动，而不是制定未来发展规划。理事会关注的是提议、辩论和投票来给不同的委员会、工作小组以及员工确定方向，而不是深入讨论社团未来的发展趋势或者面临的挑战。理事会关注的是由会议程序制定和实施的秩序，而不是纷乱和困扰，哪怕这一纷乱和困扰是组织创新和社团发展提高所不可或缺的。

我们并不反对按部就班、中规中矩的理事会会议制度，我们只是提倡会议应该提供与提议和投票无关的讨论时间。自由讨论时间对于充分理解议题、提出意见以及就未来的发展战略和计划方面达成共识来说是至关重要的。

许多社团的大型理事会不是以竞争力为基础的，其成员是因地理位置、特殊利益、人脉或在行业中的终身职位等因素而成为理事的，而不是以个人技术、天分、能力为标准经过选举而任命的。对于社团来说，当社团理事本身就不具备优势力量或核心竞争力，或者传统正规的治理方式对社团管理影响很大时，要想深入分析发现社团自身优势力量或核心竞争力是相当困难的。

既然社团认可我们在《突破传统——社团的五项根本性变革》一书中提到的，组建规模较小的、以能力为基础的理事会，那么就应该将增强优势力量的这一重任委托给CEO。如果CEO致力于执行这一战略，则会卓有成效，并且能够跟理事会保持同步。CEO会投入时间（可能是几年）致力于探索社团的核心竞争力，同时也会找出方法使社团更好地利用优势力量，同时避免在努力过程中迷失方向。CEO应该懂得社团在新常态环境下要想取得成功，就必须集中优势力量，这一点对于社团的成功非常重要。

理事会的角色

如果你是一个志愿者社团的领导，你就能够帮助你的CEO和员工，一起深入发掘和确定社团的优势力量，并致力于关注它。你也能够帮助他们规避"新奇事物综合征"（BSOS），并且当你看到其他领导不知所措时，告诉他们远离"新奇事物"。你能致力于维持纪律，以保持大家关注优势力量，而不是草率地增加新的项目和服务来满足所有人的一切需求。想一想通用电气前任首席执行官杰克·韦尔奇（Jack Welch），在他领导公司的20年时间里，只有过4次一级优先任务，其余的都是集中关注公司的优势力量。比尔·盖茨（Bill Gates）创建微软公司时，也只有一个简单的理念：使每个办公桌和每个家庭都拥有一台电脑。那就是集中关注。你可以亲自检测想法是否与社团的战略规划相匹配（你的社团一定有战略规划，对吧），我们鼓励你放弃与战略规划不匹配的想法。你可以表明立场，在语言和行动上坚定地支持所有利用优势力量的努力。

成功的战略

集中关注优势力量的部分价值就是你可以拒绝去做核心竞争力领域之外的其他事情。对于许多社团来说，学会这一拒绝是困难的，因为社团的项目要让有着不同需求的多数会员满意。但是不要低估明确价值定位和社团定位的影响力。下面这些成功策略会让你获得能力，并明确你的价值定位。

- 对核心优势力量进行全面地、深入地分析；
- 开发完整的社团的优势力量；

- 坚持核心竞争力，杜绝精力分散；
- 认识到弥补劣势能够提高绩效，但创新优势力量会获得巨大的成功；
- 承认解决问题最好的方法不是聚焦于这一问题，而是从其他方面取得成功（他山之石，可以攻玉）；
- 增加在优势力量上的再投入以获得更大的回报；
- 要认识到社团发展的最大潜力来自社团最具专长的领域。

增强优势力量是一个战略基石。在第四章你就会看到，增强优势力量是最根本的。集中资源、整合合适的项目和服务；为了精益的运营而协调员工和流程；必要时有意识地放弃某些项目……，这些都是为了增强并充分利用社团的优势力量这一根本战略。社团所有的发展应基于社团的优势力量，也只有这样，你才能开始新的篇章。

第三章案例研究 1　专注于标准，推动全球化战略

社　　　　团：美国 IPC 电子工业协会（IPC-ACEI）
预　　　　算：1500 万美元
工作人员数量：108 人（全职人员）
会　员　数　量：3300 人

尽管美国 IPC 电子工业协会把全球化战略确定为该协会战略已经 10 年了，但他们的价值理念始终如一，从未改变。一开始，协会就确定专注于标准设置这一优势力量的价值，并且把这种标准作为敲门砖，将 IPC 扩展到世界其他地区，使协会的影响力扩大到美国以外。

美国商务部为美国 IPC 电子工业协会提供了一项为期 3 年的资助，以帮助协会在中国拓展标准化运动，2002 年该协会在上海设立了一个办事处。中国是该协会海外扩张的第一站，因为中国目前是世界上最大的制造业基地之一。当时，该协会几乎没有开展海外市场的信息，也没有可以借鉴的经验——因为美国传统的会员模式（缴纳会费，成为会员，获益）在中国很难发挥作用。相反，该协会通过提高 IPC 标准的认知度，以及为了理解这些标准而提供的培训来推广标准设置，该协会学会了依靠服务而不是靠会员来进行领导。

经过多次尝试，在总结了过去的经验和教训的基础上，该协会已经为进入新市场确定了 3 步走的战略。首先，该协会对标准提供了技术上的准确翻译。当进入中国市场时，国际关系副总裁戴维·伯格曼说："我们不能只是翻译一句话，我们要翻译标准的含义。能做到这一点的唯一方法，就是组织专家组成一个委员会一起探讨标准的含义是什么。如果用英语都表达不清楚，那么翻译成中文也会不清楚。"

第二步是标准翻译完成后，委员会将仔细审查这些标准的译文，委员会成员也就自然而然地成为标准专家。这些熟悉文件的标准专家，同时也能按

照美国国家标准协会审查标准的要求,每 5 年为协会审查和修改一次标准。第三步是开发新标准,该项工作也由委员会处理。尽管许多协会必须为其委员会成员支付费用,但该协会在中国的 35 个技术委员会,都是由无偿的志愿者和委员会领导组成的。

在中国的成功经验已经帮助美国 IPC 电子工业协会扩张到全球其他地区。目前,该协会在欧洲有 1 个代表处,俄罗斯有 1 个代表处,印度有 10 个技术服务中心。伯格曼说:"进入新市场,使我们学到了很多东西,这也加快了我们全球化的进程。两年之后,我们在中国有 2 个办事处,在印度有 10 个技术服务中心。我们也积累了一些经验和教训。"这就是,当进入新市场时,必须以优势力量为依托,美国 IPC 电子工业协会应继续专注于标准设置和标准培训。

尽管 IPC 电子工业协会在印度的扩张更迅速,但中国市场仍然有巨大的潜力。经过 10 年的发展,目前 IPC 电子工业协会有 36 个技术服务中心,分布在 8 个城市。2010 年至 2011 年,会员增加了 35%。IPC 电子工业协会在中国的增长如此迅速,他们正在考虑为其中国公司招聘一个理事长。

国外培训模式与美国的培训模式不同。在美国本土,特许的培训中心向 IPC 电子工业协会支付特许经营费以获取认证资格。伯格曼说:"在中国和印度,我们由技术服务中心来提供认证。这就实现了我们服务的会员与非会员的区分度。这也使得我们能够更加接近我们的客户,理解客户可能面临什么挑战,帮助他们建立对于我们标准的认知度。"

在全球扩张的过程中灵活性是关键。既然 IPC 电子工业协会已经在中国站稳脚跟,协会正在考虑拓展向院外游说和展览等传统的会员服务。即便是有了新的服务产品,IPC 电子工业协会仍会继续保持对国外标准领域的专注度。

尽管许多社团永远不会在海外投资,但 IPC 电子工业协会的经验是:以优势力量为依托。IPC 电子工业协会知道自己的优势力量是设置标准,设置标准可以作为名片来让协会实现 10 年前设立的全球化目标。优势力量会产生乘法效应,当社团以优势力量带动发展时,成功就会到来。

第三章案例研究 2　通过学习来保持领先

社　　　　团：美国制造工程师学会（SME）
预　　　　算：4000 万美元
工作人员数量：185 人
会　员　数　量：24000 人

虽然面授教育一直是美国制造工程师学会的优势力量，但学会当前面临一个困境：学会有客户想要的知识，却不能以客户想要的方式（在线方式）来传递知识。这是社团正面临的日益增长的供需脱节问题。

基于这种认知，学会把成为"制造业知识的首要提供者"确定为战略规划目标。因此，美国制造工程师学会通过把认证纳入知识供应领域，重组了专业研发部门。同时，把行业知识的主要内容纳入认证范围，为掌握这些知识的员工提供认证。结果，认证业务量逐年增长。

该学会首席执行官马克·汤姆林森认为，美国制造工程师学会所选择的积极进取的路线，会极大地促进学会实现其目标。他指出："这是渐进主义，只要你依托现有产品，不断尝试开发衍生产品，你的目标就会实现。或者你也可以剧变，如果想要在这一领域取得发展，我们认为美国制造工程师学会需要做出彻底的改变。"

剧变（比起渐进过程）作为战略，被大部分社团所忽视。美国制造工程师学会就是从外向内引进而非自己研发高级教育项目，学会通过收购一家专门支持制造业相关学习的 Tooling U 公司，来拓展这项业务。汤姆林森说，"比起制造产品，我们通过采购产品来节约我们产品的上市时间。我们更愿意改进和提高现有成熟产品的质量，而不是在研发过程中逐步提升产品质量，完善产品。"

美国制造工程师学会的大胆举措得到了应有的回报。尽管相对于美国制造工程师学会自身的资产量来说，收购是一项重大的投资，但通过收购，学会预计每年能保持两位数的增长率。新项目第二年的收入就远远超过预期，目前预计7年能收回全部投资。同样重要的是，学会正在实现其成为制造业首要的知识提供商的目标。

并不是每一个社团都被定位为或能获得理事会的支持来采取这样重大的行动。汤姆林森为社团管理人员和志愿者领袖更好地理解这一举措，提供了一些有益的借鉴和参考。

理事会7年前就意识到学会必须集中精力，专注于其优势力量。学会不只要成为会员团体的代表，更要成为我们所服务的行业的领头羊。他们把理事会成员从30个缩减到14个，组建了一个更小的、理事会候选人有更严格选拔程序的理事会。现在这个理事会，能推动会员进行战略思考，也能就战略思考和我进行探讨。

今天，提名委员会积极地为增加理事会的理事物色合适的人选，同时也在面试申请成为理事的候选人。汤姆林森说："过去积极参加会员活动和对会员忠诚就能让你得到理事职位。现在，如果你想在理事会任职，更多的是考虑你是否有在制造业方面的专业知识和经验以及能否清楚地表达战略的能力。"

在理事会的支持下，收购现在对于美国制造工程师学会来说，是一项积极的战略。尽管它收购Tooling U公司的行动，开始于在加拿大的几个展会，但目前美国制造工程师学会委派了一个委员会管理合并和收购，并且把收购作为持续战略的一部分。汤姆林森说，"收购应当是持续的考察和审查，而不仅仅是一个投机取巧的行为。"他建议其他的社团不仅要关注协会内部，也要关注社团外部，从而提高开拓新的利益领域的成功性。

虽然并不是所有的社团目前都能定位为像美国制造工程师学会一样运营，但是有战略眼光的理事会可以让社团的运营变得更加容易。当你的会员已经习惯于关注和依靠你在这一领域向他们提供的服务时，以优势力量为依托来衍生战略，能够大大增加成功的可能性。

第四章　集中资源

> 这听起来会让你觉得不可思议，但是在现实生活中却屡次上演。在战争中，将军只是根据一些模糊的感觉，就按照惯例将部队拆分成几个独立的部分，他其实也并不清楚为什么要这么做……最高效或更简单的战略法则就是：集中力量。
>
> ——卡尔·冯·克劳塞维茨[21]

集中力量就是组织在核心领域投入更多的精力，开展更多的活动。集中力量并不只是简单地将力量汇集在一起，它需要社团认真分析和判断，并制定相应的规则。即便你成功地做到了集中力量，也会由于一时的疏忽而引发问题。久而久之，不同的思想、新的机遇、意外的偏离或有想法有活力的志愿者，都会导致社团偏离方向，从而影响社团集中力量。

不管怎么说，典型的社团，无论规模大小，无论在哪个专业或行业，都可能会推出很多项目、服务、产品和活动。如果你能向我们提供一个集中关注的典型社团案例，那么我们就能向你阐释整个行业的异常现象。对于社团来说，集中力量还是一个外来词汇。

让我们随便打开几个社团的网站，我们就会发现，网站的首页内容包罗万象：有年会、集会和贸易展览栏目；有教育会议、研讨会、讨论会和网络会议；有杂志、刊物、实时通讯、博客和各种"警示标语"；有扩展目录、在线社交网络和求职公告栏；还有公共政策宣传、立法游说、法规事务和政治行动；甚至还有标准制定研究、行业指导方针、职业道德、证书和资格认证等内容。在首页展开列表你还会发现，相关研究、市场统计、运营比率和工资调查，以及市场营销、公共关系、社区外展和社会责任，保险和风险管理项目，最后是团体打折项目（包括从汽车租赁费用到办公用品，再到迪士尼乐园门票等各类事项）。以上全部内容就是一份社团所提供的所有产品或服务的典型清单。

我们还忘了列出社团的会员管理业务，包括理事会、代表大会、工作委员会、地方分会、业务区划、工作小组、特殊利益集团、部门、理事会和专门委员会等。加上这些内容，现在清单列表就更完整了。

社团努力竭尽所能为其所在的行业或专业提供更多服务的志向令人钦佩并且值得赞扬，但是很多时候这种努力会变成刻意追求帮助所有会员解决他们所涉及领域的所有事情。

在我们看来，社团的这种志向是鲁莽的和欠考虑的，用一句话来概括就是：有勇无谋。

或许在过去那个更宽松和缓和的时期，社团可以用一个行之有效的方法去管理大量的服务和活动组合，但那个时期已经一去不复返了，现在社团面对的是新常态，其根源可能要追溯到20世纪70年代末或80年代初。如前所述，从那时起，六大影响因素（时间压力、价值期望、竞争、市场变化、代际价值观和技术）的变化已经不可逆转地彻底改变了社团面临的环境和格局。对于那些单纯天真的社团来说，在新常态的环境中，他们面对的竞争会更激烈、更加困难、更冷酷无情。

暂时把新常态带来的五大趋势搁置一旁，让我们关注一下社团所处的竞争空前激烈的环境。身处这种新的竞争时代，竞争时代本身就已经能够强有力地检验社团的高管和志愿者领袖是否具有"大而全的服务"的思维倾向。更加激烈的竞争环境意味着社团很难从某一个领域脱颖而出，更不用说期望在几个领域都做得很突出。如果社团没有战略性地集中资源，要想取得成功是不大可能的。

社团所面对的竞争环境有其独一无二的特性，那就是，在工作中很多曾经是我们的服务对象的社团给我们传达了这样一种观点："我们真的不存在任何竞争对手"。对此，我们非常困惑。

实际上，这样的想法不仅让我们困惑，更让我们感到震惊。诚然，现实中几乎没有一个社团会遇到在同一会员市场提供完全相同服务的直接竞争对手。这也许就是许多社团得出"我们不存在任何竞争对手"这个观点的依据。但事实上，尤其是近年来随着专业社团数量的持续增长，几乎没有任何一个社团能够单独占据他们所在的会员市场。下面让我们了解一下社团的竞争现状吧。

社团与社团之间的竞争

新社团如雨后春笋般地出现，导致社团的数量与日俱增，其中很多社团都把在行业或专业中占据一席之地确定为自己的目标。例如，在美国的医学领域，由于现在有147个医学专业，医师组织也各式各样，名目繁多，结果只有不到19%的医生是美国医学会的成员，其他的医生分属各类不同的医师组织。

美国科罗拉多州工程顾问委员会的执行理事玛丽琳·赖默尔（社团认证高管）指出：在科罗拉多州，一个工程师可以加入的技术社团超过25个，其他非技术类的社团也有40多个。

社团会员与社团之间的竞争　越来越多的社团会员提供的服务与社团本身存在竞争，尤其是协会会员或供应商会员与社团之间的竞争更加明显，因为许多会员使用免费的继续教育项目来与会员之间建立联系。其他会员使用他们在贸易或行业中的专业知识来提供辅导或咨询服务。还有一些会员会给其他会员提供时事通信、博客和/或网络研讨会等服务，并以此作为其推广会员感兴趣的产品和服务的营销方式。

社团潜在的竞争对手

美国科罗拉多州工程顾问委员会（ACEC）的执行理事玛丽琳·赖默尔（社团认证高管）把委员会在科罗拉多州的竞争对手做了一个全面的列表。在表中，她把委员会的竞争对手分为两大类：直接竞争对手和间接竞争对手。

直接竞争对手包括以下 25 个专业性工程组织。这些专业性工程组织的科罗拉多州分会不仅与美国科罗拉多州工程顾问委员会（ACEC）争夺会员，还在信息提供、教育、宣传、网络等领域竞争业务：

1. 美国土木工程师协会
2. 美国机械工程师协会
3. 电气和电子工程师协会
4. 科罗拉多岩土工程师协会
5. 美国采暖、制冷、空调工程师协会
6. 科罗拉多结构工程师协会
7. 美国水工程协会
8. 美国矿冶与探测学会
9. 科罗拉多混凝土规范研究会
10. 照明工程学会
11. 美国交通工程师学会
12. 洪泛区管理协会
13. 可再生能源领域妇女联合会
14. 国际湿地科学家学会
15. 美国消防工程师学会
16. 美国铅工业工程师协会
17. 科罗拉多专业土地测量师协会
18. 洛基山能源工程师协会

19. 洛基山环境专家联合会

20. 美国国家专业工程师学会

21. 科罗拉多黑人专业科学家和工程师协会

22. 亚裔科学家及工程师协会

23. 西班牙裔专业工程师学会

24. 女工程师学会

25. 女性环境专家协会

美国科罗拉多州工程顾问委员会（ACEC）的间接竞争对手包括40多家社团。一些社团以给工程公司提供潜在客户的方式，吸引这些工程公司作为社团的准会员或供应商会员。另一些社团给工程师或者公司提供他们需要的资质证书。这40多家社团争夺的主要资源来自美国科罗拉多州工程顾问委员会（ACEC）会员的时间和金钱。

1. 商会

2. 经济发展事务所

3. 美国公共工程协会

4. 美国建筑师学会

5. 美国城市土地学会

6. 美国绿色建筑委员会

7. 美国设计建造学会

8. 科罗拉多承包商协会

9. 科罗拉多总承包商协会

10. 科罗拉多西班牙裔承包商协会

11. 洛基山少数族裔承包商协会

12. 科罗拉多水资源大会

13. 少数族裔运输官员会议

14. 科罗拉多发展协会

15. 美国住宅建造商协会

16. 服务营销专业协会

17. 科罗拉多州石油和天然气协会
18. 科罗拉多州市政联合会
19. 科罗拉多州县属股份有限公司联合会
20. 美国独立企业联合会
21. 美国承包商协会
22. 美国精益建造协会
23. 美国规划师协会
24. 洛基山电力联盟
25. 女性设计师协会
26. 女性建筑师协会
27. 美国卫生保健设施协会
28. 科罗拉多地下水协会
29. 美国景观建筑师学会
30. 水环境联合会
31. 美国水资源协会
32. 设施管理者协会
33. 科罗拉多流域大会
34. 网络工程专业妇女联合会
35. 美国地质学会
36. 交通运输业妇女研讨会
37. 科罗拉多清洁技术行业协会
38. 无国界工程师协会
39. 国际仁人家园
40. 建筑师／承包商／工程师指导项目

会员更愿意加入一个能够为他们带来最大利益的社团，而不是同时加入两三个或者更多社团。当会员同时加入不止一个社团的时候，社团之间就会在会费、会议出席、赞助商、读者数量和志愿者的贡献等方面存在竞争。

出版社或媒体公司与社团之间的竞争　在杂志或时事通讯领域，一直以来出版社和媒体公司与社团存在竞争关系。但是由于数字出版物的出现威胁到了出版社和媒体公司的核心印刷业务，出版社和媒体公司不得不扩展自身的业务，他们已经把业务扩展到诸如教育、求职公告栏、在线网络和保险等领域。出版社和媒体公司与社团之间的竞争也随之改变。当你浏览在线产品时，有时很难辨别哪些产品是由营利性公司提供的，哪些产品是由社团提供的。

合作社或收购机构与社团之间的竞争　合作社以汇集个人或公司的购买力为起点，然后与供应商谈判为会员争取折扣，会员通常一年能够获得一两次退款支票——这是一个很给力的价值主张。如你所料，聚拢了一定数量的会员之后，合作社就开始举办会议，提供教育和在线网络以及信息宣传。

社交媒体平台与社团之间的竞争　在写这本书时，脸书（Facebook）的会员已经超过10亿，领英（Linkedin）也拥有了1.75亿会员。除此之外，还有成百上千个规模小一些的社交网络，如菲德网（Pheed）、西帕网（Cypop）、交友网（LiveJournal）、标签（Tagged）、偶酷网（Orkut）、品趣志（Pinterest）、艺堆（ArtStack）、运动雅皮网（SportsYapper）和美图（Instagram）。当我们把这本书完成的时候，毫无疑问会出现更多的社交网络平台。

社交媒体大幅度增长这一现象已经严重削弱了社团曾经拥有的网络特权。虽然社团现在也想充分利用社交媒体进行拓展，但是毫无疑问它们已经错过了一个千载难逢的机会，那就是社交媒体出现伊始。现在人们不需要借助传统社团，也利用其他有效的方式来进行沟通、互动以及结社。

互联网与社团之间的竞争　无论对于哪个行业、专业和社团来说，互联网已经成为一个游戏规则的改变者。这样社团就会遇到一个无处不在的竞争对手，这个竞争对手能够立即回应顾客需求并且大多数服务还是免费的。现在互联网已经成为社团的一个强劲竞争对手！你只需要考虑一下搜索引擎的影响，就会明白这是一个多么强劲的竞争对手。搜索引擎可以在不到一秒的时间里为顾客提供大量的信息源。它还可以快速访问同类竞争对手的网站，在过去会员甚至不知道这些信息源的存在。互联网，尤其是搜索引擎对社团造成了巨大的冲击，使得社团越来越难以保持其消息灵通的前沿地位。

在一个新的社交网站推斯特（twist）中，在线活动现在已经转向了面对面的活动。麦驰网站（Match.com）在全国推出了"斯德（Stir）"活动。宣传资料显示："当你参加一个斯德（Stir）活动时，每个人都是单独的个体，都想认识其他人。通过匹配算法，我们的团队能够根据年龄，性别和兴趣等相关匹配条件为会员定制活动。斯德（Stir）活动包括举办欢聚时刻、烹饪班、葡萄酒和龙舌兰酒的品酒会、保龄球和舞蹈课等（这就是利用技术能够增加价值）。"

那么，这些社交网站如何与你的社团竞争呢？有两个层面：第一，这些社交网站活动会占用原本会员在社团中花费的时间。第二，它们给会员提供面对面的活动，这曾是社团与会员建立联系的主要方式。

虽然你的社团不可能按照社交网站的业务模式去经营管理，但是也要从麦驰（Match.com）学习一些经验。值得关注的是，麦驰（Match.com）公司正在举办一些有趣的活动，在这样的活动中，会员能够更容易地交往。与此形成鲜明对比的是典型的社团会议，会员们进入会议室，然后坐下来听领导讲话。你怎样帮助会员更容易地与其他人交往呢？你怎样让每一个会员都感觉很舒适呢？总之，你怎样让会议变得有趣，更能吸引会员参加呢？尤其是随着竞争日趋激烈，这些都是你值得考虑的问题。我们已经注意到，如果社团充满乐趣，会员会更有活力和热情，可能最重要的是，会员参与度会更高。

时间压力给社团带来的影响　争夺会员的时间已经成为社团之间竞争最激烈的一个方面。会员的时间压力来自方方面面：双职工家庭、工作与实践、志愿者活动、家人和朋友、休闲与娱乐等都会给会员造成时间压力。千万不要低估时间短缺对社团造成的影响。

为了更好地理解社团面临的竞争，我们设计了一个竞争分析矩阵。通过完成这样一个竞争分析矩阵，员工和志愿者可以更加清楚地了解社团的竞争格局，明确社团定位，以及在哪个方面可能存在发展机会。

竞争分析矩阵

竞争对手	提供的有竞争力的产品或服务	主要客户	分销的主要方式	优势	劣势	战略	产品定价	综合排名

上面这个竞争分析矩阵能够让社团的员工和志愿者快速了解目前社团面临的竞争格局。首先，列出你所在社团的项目、服务、产品和活动的所有竞争对手。在许多情况下，竞争对手那一栏要详细全面（但也要清晰明了），以方便你把注意力集中到最强劲的竞争对手。其次，确定他们与你的社团相互竞争的产品或服务；他们服务的主要客户和他们产品的主要销售方式。然后找出他们的优势、劣势以及他们的总体战略。

如果你把竞争对手以及他们的特征总结完了，接下来就可以按强弱顺序，对你的竞争对手进行排序，来确定谁是你最强劲的竞争对手。在"综合排名"那一栏下面，用数字1~5给每一个竞争对手评定一个等级。"5"是最高等级，代表你最强的竞争对手。"1"是最低等级，代表你最弱的竞争对手。然而，每一个等级强度的数量不能超出评定配额，你将竞争对手的总数量除以5，就得到了每一个等级的"评定配额"。

假如你有10个竞争对手，除以5，那么每一个等级的评定配额就是2。这意味着你只能把两个竞争对手评定为最强的"5"等级，两个竞争对手评定为"4"等级，以此类推。在"综合排名"一栏中，我们建议你先填写两个最强的"5"等级的竞争对手，然后是两个最弱的"1"等级的竞争对手，然后返回来填写两个"4"等级的，接下来填写两个"2"等级，最后填写两个"3"等级的竞争对手。根据表格你就能够了解在哪个领域你有最强的竞争优势，以及在哪个领域你的产品和服务是最薄弱的，你一定会深受启示。在很多情况下，这样的实践将会证实你现有的战略是否合理或引导你制定出一个新的战略。

集中力量

在当今日益激烈的竞争环境下，社团必须集中力量。如果在多个领域同时竞争只会徒劳无功，把资源分散在众多的产品和服务生产线上最终只会导致失败。在每个产品和服务上都投入一点点资源不是一个有价值的或可持续的选择，也不是明智之举。在很多情况下，典型的社团已经限制了产品和服务数量，并且减少了分散的资源投入。

要强调竞争的重要性，而不要低估竞争对社团造成的影响。我们来看看克里斯·祖克在2004年对全球范围内259名高管的一份经济增长调查中得出的结论：60%的高管表示，他们核心业务的主要竞争优势正在迅速削弱；65%的高管说，他们需要从根本上调整过去服务于核心客户所使用的商业模式；72%的高管认为，5年之后，他们的主要竞争对手会发生变化，不再是现在他们所面对的主要竞争公司。[22]

那些调查对象都是营利性公司的高管，这些营利性公司在资金和人员方面都是很充裕的。但是你也看到了，即便是资金、人员充足的营利性公司，

第四章 集中资源

竞争也给他们带来了严峻的挑战,他们也承认需要改变经营模式。与营利性公司形成鲜明对比的是典型的社团,这些社团往往缺乏资金,可能人手不足或者可能没有集中力量。可想而知,在日益激烈的竞争环境下,社团面临着多么严峻的挑战。

想要在如今激烈的竞争环境下运营,社团必须有意识地把资源集中到核心领域。这需要社团制定一定程度上的纪律,而这些纪律迄今为止在社团中从来没有使用过。这也需要理事会认清把资源分散在多个产品或服务中的不利后果,同时这也要求社团解决集中资源所带来的相关问题。

1973年,彼得·德鲁克在他的经典著作《管理——任务、责任和实践》一书中指出:我们会发现任何一个成功的企业都懂得集中选择和集中决策。集中决策具有高风险,但是这是一个真正的决策。集中决策必须能够经受市场动态、市场发展趋势以及市场变化的不断检验。[23]

几十年来社团的经营理念一直是:给每一位顾客提供产品或服务,并且他们认为给顾客提供的产品或服务越多越好,而今天社团必须扭转这种经营理念。如果社团想要在未来运营得更好,现在他们就必须学习更多的经营哲学,并且做出一些艰难的决策。这对社团来说无疑是一个巨大的挑战。大而全的服务所带来的安全错觉让社团受到误导,于是他们提供了广泛的多样化服务,这也给社团的集中决策带来了很大的风险。想要论证社团为什么要提供稳健的服务和产品是比较容易的,但是想要弄清楚为什么社团不提供一些特定的服务以便它可以在最重要的领域表现得更好,却没那么容易。

社团界拥有大量的规模较小的团体。例如,许多州和地方性社团年收入为30万~60万美元。然而,许多全国性社团的经费预算就达到了100万~200万美元。对于这些规模小的社团来说,集中决策就显得更加重要。正如德鲁克所说:"事实上,一个小公司(解读为:社团)比大公司更需要集中决策。小公司资源很有限,如果不集中资源,可能会一无所获。"[24]

集中资源在社团建立之初和早期发展阶段尤为重要。科罗拉多州性别鉴定中心是一个很有说服力的例子,它有效地证明了集中资源能够发挥巨大优势力量。科罗拉多州性别鉴定中心成立于1978年,中心通过对每周的支持组织会议收取门票以获取资金来维持运营,并且在建立之初的 33 年中,中心都是由志愿者来经营管理。因此,中心的发展也受志愿者能力的限制。直到中心做出了集中优势力量并合理利用资源的决定之后,组织规模才开始不断扩大。现在科罗拉多州性别鉴定中心收到了大量的补助资金,并且雇用志愿者作为兼职人员来进行管理,这些志愿者从星期一到星期六每天工作 10~12 个小时,中心每个月给他们 500 美金。实习生和无偿服务的顾问为中心提供私人的咨询服务,并且中心也正在使用 Skype 通信软件和即时通信工具来扩大其影响力范围。对现代技术的运用,并没有动摇中心的设立宗旨——即给变性人提供帮助(其核心竞争力),这一宗旨自组织成立以来从未改变。今天,中心已经得到了长足且稳定的发展。

即使像科罗拉多州性别鉴定中心这样一个小型组织都存在竞争。所以不要把你的竞争定义得过于狭窄,集中决策要求你必须对社团所面临的所有竞争因素做出准确和完整的评估。

全力竞争

为了更好地集中资源,使社团有一个美好的未来,社团领导需要一个过程,就哪个领域对于社团来说是最重要的这一问题达成共识。在这一过程中,社团需要明确下列问题。

- 如果这样做的话,将会给会员带来什么显著的差异?社团怎样处理会员遇到的重要问题,怎样满足会员需求,或者怎样增加会员价值?
- 社团要怎样做才能够显著增强其服务会员的能力?
- 为了让会员获得最大的回报,社团应该在哪些方面集中资源?

不管你相信与否,现实中确实存在这样一个过程,它被称为战略规划。我们一般倾向于使用德鲁克给战略规划下的定义:"思考、分析、想象和判断的运用。"[25] 简而言之,通过战略规划,你能够明白怎样做出集中决策。

我们不得不承认,没有任何一个管理手段像战略规划一样,遭受了这么

第四章 集中资源

多的质疑、评判、嘲笑和奚落。2012年12月，当我们在谷歌搜索引擎上搜索"战略规划已走向消亡"时，搜索到了428000个结果！当然，同时也有相当一部分人坚信战略规划是他们成功的关键。

对于那些批判和摒弃战略规划的行为，让我们觉得不可思议。我们从未听说过有人会把会议规划当作是浪费时间，从而不去做会议规划。也没有人会轻视财政规划所发挥的作用，人们也很重视退休规划，即使是婚礼规划或假期规划也被认为会产生积极作用，既然各种规划这么重要，那么战略规划也应该是不可或缺的。同样，我们也可以质疑那些批评者和怀疑论者：如果战略规划不是一个有效的管理活动，那为什么它会是美国马可姆·波多里奇国家质量奖评定卓越绩效的7个评价标准之一呢？我们已经一次又一次地见证了战略规划过程在促成共识、创造活力以及凝聚社团力量方面所起到的重要作用。

1994年，亨利·明茨伯格在《哈佛商业评论》上发表了一篇名为"战略规划的兴衰"[26]的文章，严厉地抨击了20世纪60年代的战略规划模式。那些一直反对战略规划程序的人们欢呼雀跃。明茨伯格是第一个抨击20世纪中期到60年代，被许多大公司所采用的战略规划模式的学者。姑且把这篇文章的标题放在一边，认真分析一下明茨伯格在文章中，对战略规划的哪些内容进行了批判。在此基础上提出了哪些变革措施，这些内容对我们来说至关重要。

大型部门由战略规划人员制定规划，然后由管理人员去执行所制定的规划。明茨伯格将这种规划制定方式称为"战略方案化"，同时，他也对大型部门的战略规划能力提出了质疑，他认为大型部门所制定的规划既没有指导管理活动，也没有产生预期的结果。

在社团中，战略规划是由社团的战略规划委员会，而不是由理事会制定的。虽然理事会也通过这个规划，但是这个费时费力所制定的战略规划会被束之高阁，理事会不会采纳，也不会将这个战略规划用于指导决策和社团资源的分配。一般情况下，人们都会支持自己所参与制定的计划和规划，由于社团的理事会没有参与任何与战略规划相关的工作，所以理事会对战略规划缺乏足够的认可度。因此，如果社团的理事会没有深入参与社团的战略规划制定，那么这个战略规划有可能只是一个被批准的文件，而不会真正发挥作用。

明茨伯格认为战略规划的这个构建过程，偏离了市场、客户和竞争对手的实际情况，应该用"战略思维"来代替它。他把"战略思维"定义为"在管理者所有经验（既包括他或她对切身个人体验的洞悉，也包括对其他组织和市场研究中获取的间接经验的明察）的基础上，总结归纳出企业的愿景方向，以明确企业所追求的目标。"[27]

志愿者领袖不足以制定和批准一个战略规划。社团要想快速发展，必须确保资深员工能够全程参与战略规划的制定，以便他们认同并致力于将战略规划贯彻落实。然而现实却是，社团的理事会要么不想让资深员工出席战略规划会议，要么只是让他们列席，而不让他们有参与机会。对于理事会的类似做法，我们深感挠头。

这些资深员工是社团最有价值的人力资源，他们年复一年日复一日地在为社团工作。他们每天在电话上与会员互动交流，回应会员的问题，代表社团参加各种会议，与媒体打交道……他们可能比任何志愿者都更加了解社团的情况，我们相信如果不让他们参与战略规划过程，将是社团的巨大损失。

明茨伯格认为战略思维是一个综合体，对他这个观点我们深表认同。我们认为战略思维是分析、预测、测试以及反馈的组合。尽管战略收缩是战略规划过程中很重要的一个步骤，但是战略规划需要的不仅仅是战略收缩，它还需要把规划付诸实施，这恰恰是许多社团的短板。

格伦·泰克在《当代社团》杂志2012年4月版发表的一篇名为"未来规划的未来"的文章，在文中他对战略规划进行了权衡和深入探讨：

> 我认为社团有必要弄清楚以下决策的内容，并对其达成共识。第一个决策是"组织存在的目的是什么？"第二个决策是"作为一个组织我们试图完成什么任务？"第三个是"我们将采取哪些措施

来完成这些任务？"第四个是"我们怎样知道采取的措施是否发挥作用？"对我来说，这些问题的答案，远远没有这些问题的持续探讨过程更加重要。[28]

所以无论叫作"战略规划"还是"战略思维"，这个过程对于集中决策来说都是至关重要的。对于战略规划，一件蒙尘的战略规划，跟没有做规划没什么区别，这也是大多数人认同的。

对战略规划过程可能存在的另一个问题就是，社团把规划想得太过于简单，他认为战略规划就是将所有人聚集起来，将目标、战略和行动计划确定下来，然后照本宣科，严格地按照规划行事，而不管环境发生了怎样的变化。当然，这样做是非常愚蠢的。失败是成功之母，社团要吸取他人的经验教训，不断寻找突破点。有时走出困局的突破点，恰恰是战略规划过程中所没有被顾及的，所以，战略规划的执行不能教条。

在《卓有成效的管理者》一书中，彼得·德鲁克写道："拿破仑说'没有一场胜利的战争是按照计划进行的'，然而拿破仑精心计划战争中的每件事，而且比起以前的将军更加细致。"[29]拿破仑知道世上不存在完美的计划，然而他仍然尽最大的努力精心策划每一件事。他深知战斗开始以后，计划和策略需要根据不同的情况做出相应的调整和改变，以应对突发情况。

集中服务理念

我们最近在博客上讨论一个热门的话题："社团做什么事情能比别人做得更好？"这个讨论的发起人是美国社团管理者协会（ASAE）的高级主编乔·若米尼艾基，他提出了下面的问题："如果你的社团必须决定最擅长提供哪种产品或服务，然后专心生产那一种产品或服务，放弃其他的，会怎么样呢？"

当然，我们更愿意听到这样的对话。

我担心如果社团缺乏集中的力量，可能在任何特定的产品或服务领域，都不会达到戴森级别的质量水平——一种我们保证是全世界最好的水平。当然，理论上，任何一个社团都能在其提供的产品或服务中选择一个最好的，舍弃其余的，然后把这个产品或服务达到最高水平。每一个社团在选择特定的产品或服务时都可能不同，这取决于社团独特的环境及其特定的技术组合。[30]

在网上曾经有一个帖子，质疑只有单一服务技能的社团。它提出，如果一个社团只专注于为会员提供一种服务或产品，那么这个社团将不能被称为一个合格的社团。因为社团的本质就是为不同需求的会员提供多样化的服务、产品和活动。

集中服务的理念能够让普通的社团在未来更具有竞争力，而"一揽子服务"理念只会让很多社团陷入困境，除非这个"一揽子服务"构建得很完美，能够集中更有意义的服务以提高社团的竞争地位，精简和加强社团的沟通能力，减少社团用于维持、销售、传递核心利益的基础设施的费用，还能够把闲置资源用于增强社团的优势力量。

社团的本质就是为会员提供一系列产品和服务。但一些高效率的社团有相反的考虑，他们专注于少数几个关键性的产品。例如，美国制造商协会只有一个业务：宣传。美国空气流通与控制协会（AMCA）只有一个使命："促进行业稳定，发展，完善"。美国空气流通与控制协会将战略目标缩小到了三个（认证产品品级、区域化运营来更好地为亚洲和欧洲会员服务、游说当局）。美国空气流通与控制协会所做的其他事都是为了支持协会的使命和这三个主要的战略目标。美国金属处理学会则专注于以下五件事：标杆管理和预测、为了遵守行业标准而组织培训、组织会议、保持全天候联络、构建资源库，其他任何事情都超出了协会的核心领域。

你难道不羡慕吗？可以考虑一下，"我们的社团根本不可能这样做。"也许你被集中资源这个理念激励了呢？如果你想知道社团怎样做才能更好地集中资源，请你继续阅读后面的案例。

第四章案例研究　集中力量

协　　　　会：美国制造商协会（NAM）
预　　　　算：3500万美元
工作人员数量：135人
会　员　数　量：12000人

美国制造商协会是比较特立独行的，在很多社团都提供多样化的产品和服务的背景下，它却只专注一个业务：宣传。这种专注模式让这个基础广泛的协会很容易在众多会员，例如化工企业、汽车制造商和飞机制造商中找到共同点。

美国制造商协会并没有致力于解决行业具体的问题，而是专注于更广阔的商业主题，并把它作为一种方式在会员中寻找共同的利益领域。高级副总裁兼任首席财政官和财务主管的里克·克莱因说："我们专注于跨行业的问题，比如税收和贸易问题，我们并不深入到任何特定行业的具体问题，我们着眼于影响整个制造行业的更大、更高水平的问题。"

与其他协会一样，美国制造商协会也一度试图通过提供多样化的项目和服务，比如说保险，来增加会员价值。克莱因说："我们发现我们是在推送服务，而不是会员真正想要我们提供服务，所以我们提供的多样化项目和服务并没有成功。比如，我们曾提供一些保险项目，但因为保险在每个具体行业中几乎都存在特定行业基础的运营商，所以几乎没有什么市场需求。"同时，协会提供的项目和服务与其他协会提供的项目和服务高度重合。克莱因还指出："我们提供的一些项目与其他协会的项目一模一样。我们得出结论，这些项目不值得我们花费时间，甚至不值得我们用任何方式去支持它们，因为这些项目几乎没有什么市场需求。"基于这样的经验，美国制造商协会不再提供保险业务。

集中资源需要一定的规则。克莱因建议："如果你不按照规划和预算严格管理，协会的项目和服务很快就变得乱七八糟。"实践证明，协会把每年的会员情况调查、运用战略规划和依靠预算流程来反映优先顺序这三个基本原则结合起来，就能有效地促进组织利益，提高组织效率。克莱因说："我们不禁会问：这三个基本原则怎样支持我们实现目标？它能否给我们的会员提供足够的支持？这是否意味着我们应该继续推进它？"

有效地集中力量需要社团弄清楚推进这些问题的影响及这对全体会员的意义，美国制造商协会的政策主张可以作为协会员工及会员的宣传工作指南。克莱因指出："分成不同派系的理事会，会让协会的努力方向四分五裂。"要避免这一状况，就需要理事会与员工之间足够信任并且维持强大的伙伴关系。该协会理事长兼首席执行官杰伊·蒂蒙斯评论道："在美国制造商协会中，政策制定是由会员决定的。我们的这种政策制定结构和过程确保协会所表达的观点能够代表广大制造业经济领导者的利益。"

很显然，员工在保持目标集中的过程中扮演着至关重要的角色。为此，美国制造商协会有一个员工激励计划。员工的酬劳取决于两个部分：个人目标和组织整体效率。这个激励计划也是美国制造商协会集中资源的另外一种方法，通过这种方法，协会能够把资源集中到会员认为最重要的领域。

与其他协会类似，美国制造商协会也会被不同程度的问题所困扰。现实中并没有多少提议能够在一定程度上对组织有所帮助，问题是"需要达到什么程度？"协会面临的挑战是要确定哪些方面能够最大限度地帮助协会实现目标，而哪些方面在帮助协会实现目标时作用微乎其微，协会需要把资源集中到前者。对于美国制造商协会来说，宣传能够最大限度地帮助协会实现目标，这也是协会取得成功的根本。

第五章　集中决策

> 我之所以取得成功，一定程度上是因为我能把全部精力集中在屈指可数的几件事情上了。
>
> ——比尔·盖茨[31]

要想在新常态下更有竞争力，社团高管和志愿者领袖们必须打破一个长期存在的习惯——同意理事会或委员会提出的几乎所有事情。理事会或委员会无视其是否会分散社团的资源，提出并通过新想法或新倡议，作为员工不得不被迫接受。如果员工对新想法或新倡议有所犹豫，就会被指控工作消极、不懂得创新或只是想逃避工作。志愿者不愿意反对同事的提议，他们更容易同意新想法或新倡议，因为赞同反映了一种积极的态度，表明了乐于接受新思想的开放思维。但是，在很多情况下，同意并不是正确的选择。

社团高管和志愿者领袖们应该有拒绝提议的权利。他们必须明白接受每一个新想法、新提议，以及每一项帮助请求、每一个合作关系建议、每一个额外的会员福利所带来的后果。社团必须明白"拒绝"的价值以及它在集中资源、专注于最重要的领域方面的关键作用。

也许略有风吹草动，我们做出"拒绝"是合适的。可是我们不得不承认，许多善意的建议都是符合规定的。它们能够增加价值，有一个合理的目的，会提供一个正当理由。所以可能我们应该这样拒绝："是的，那是一个不错的想法，但是如果我们继续贯彻理事会或委员会提出的每一个好的想法，会使投入分散化，导致我们做的每件事情由于缺乏足够的投入而被边缘化。"或者"是的，那是一个不错的想法，但是只要员工在那个项目上投入一小时，就意味着他们在第一优先事项上少投入一小时。"或者可以这样说："是的，那是一个不错的想法，但是对这个项目的投入，表明我们并没有把钱花在该花的以及应该集中精力的领域。"

实施即便是最简单的新项目所需要做的

　　社团提供的项目或服务持续增加的一个原因就是，低估了把一个新想法由理论付诸实践所要花费的时间和精力。新项目的提出者和支持者往往提出类似质疑："协会为什么不增加新的项目或服务呢？它不会花费那么多的时间和精力。"

　　我们假设社团被建议去实施一个折扣项目，供应商已经同意给会员打折，并且会根据业务量给社团返利，这真是一件轻而易举的事！这看起来对会员和社团百利无一害，并且不费吹灰之力，社团也可以由此获得非会费收入。最棒的一点是"这个项目几乎不会花费什么时间和精力"。实际上，要想实施这样的新项目，社团必须做好以下八个方面。

　　1. 社团必须对供应商进行尽职调查[①]，审查其产品或服务的质量，与有竞争力的产品比较一下来验证其折扣是否合理。此外，可能还需要考察一下其他供应商，看看能否得到一个更优惠的折扣率。

　　2. 社团必须与供应商就具体事项进行谈判：返利是多少？什么时候支

---

① 尽职调查（due diligence），又叫审慎调查、资信调查、信用调查，是指对指定企业的规模、资产负债、信用状况、社会评价、出资人情况等进行调查并出具专业报告书的一项法律服务。调查的首要目的在于保证正确决策，最终目的则在于防范风险，避免损失。——译者注

付？我们如何监测和计量会员的购买量？

3. 社团必须设计交易流程来处理交易。会员是向社团订货还是直接向供应商订货？交易的技术细节是什么？

4. 社团必须确定如何处理会员的投诉，以回应会员对产品或服务的任何不满意。

5. 社团必须撰写和校对宣传文本，需要在时事通讯、杂志、网站或社团会议上投放广告进行宣传。

6. 社团必须监控销售情况。

7. 社团必须核实销售情况并且依据销售情况来获得返利。

8. 当供应商改变产品或改变服务时，社团也必须更新促销内容。

以上八个步骤说明了开展一个新项目，实际上是多么复杂和耗费时间，并不是"这个项目几乎不会花费什么时间和精力"。

用战略规划指导集中决策

在集中资源的过程中，很多社团用他们的战略规划去审查新思想或新建议。然而，战略规划可能被误用。我们惊讶地发现，志愿者和员工有着无与伦比的想象力，他们为了让提议获得通过，就把新提议与战略规划中的某个目标或宗旨联系在一起。"虽然我们建议的社区外展项目并不是战略规划中的优先项目，但是这个社区外展项目包含着一个社交媒体组成部分，它与优先项目中的利用互联网技术这一要求相吻合。"

尽管我们把战略规划当作一个文件，以至于它能够督促员工和领导专注于社团最重要的领域，但是一些人担心战略规划会成为抑制创造力和创新思想的障碍物。我们认为约翰·高很好地表述了这一思想，他说：

> 之所以要制定某种程度上的战略规划，是因为你要明确一些事情，你要确定接下来要做什么，要利用什么资源，你对成功的期望

是什么，项目由谁来负责，回报的指标是什么。但是如果战略规划禁锢了你，导致你无法对一些事情做出回应，当你在说："哦，战略规划不允许那样做"的时候，就表明你已经陷入了困境。如果能够有效实施，制定战略规划是组织需要做的至关重要的一件事。从创新的角度来看，社团成功的秘诀就是确保创新议程能够恰当地被体现在战略规划进程中。[32]

审慎和有意识的考察

除了享有拒绝的权力外，我们也认为，对新产品和服务进行审慎和有意识的考察，社团也会受益匪浅。你可以认真研究一下佛罗里达酒吧项目和评估委员会对这一问题的描述。

佛罗里达酒吧项目和评估委员会给理事会提供了以下内容：①佛罗里达酒吧项目审查或评估的指导方针和标准；②对选定的酒吧项目进行深入评估；③新的或扩展的项目的相关建议；④审查项目的资源和预算经费；⑤佛罗里达酒吧项目的说明；⑥协调与战略规划委员会和预算委员会间的关系。

规划与评估主任对那些由委员会经过详细研究后选定的项目撰写了深入的评估报告。委员会审查了评估报告和提出的建议，然后把评估报告提交给理事会。在报告中，规划和评估主任对所有的酒吧项目都做了项目说明，委员会也对项目说明进行了详细审查，以确定将要评估的项目议程。在审查和评估新项目的过程中，项目评估委员会与预算委员会密切配合，相互协作。为了便于审查，项目评估委员会要求新项目的提议者提交一份详细的项目提议，预算委员会则需要一份详细的三年预算规划。

着重关注详细的项目提议、委员会之间的相互协调以及三年预算规划的相关要求。审慎吗？斟酌过吗？答案是肯定的。是明智的吗？当然，非常明智。审慎和有意识地考察项目这一过程有助于集中资源。

在技术领域集中资源势在必行

资源集中几乎不能避免的一个领域就是技术领域。我们在第四章中提过，技术只是少数几个社团的优势力量。对于普通的社团来说，"技术"仅仅是人们之间面对面形式的会议、书面形式的交流，还有可能是会员专有的数据库。社团要想在未来取得成功，必须精通数字技术和互联网技术。每个社团都必须在技术这一至关重要的领域集中资源。

第一步就是分析社团在技术上的开支占全年总收入的比例，技术上的开支包括工资支出和非工资支出的费用。无论是居家办公还是与独立的承包商一起合作，都要合计一下你雇佣IT（信息技术）员工的费用（包括工资、福利和间接费用）。然后加上你在虚拟主机、计算机、服务器、数据库和其他相关的费用，这就是你在技术上的开支。根据我们的研究，社团在技术各方面的平均开支约占年收入的4.1%。CXO传媒公司发布的一项调查显示，其他行业在技术上的开支占年收入的比例从1.7%~8.6%不等。详细见下表：

各行业IT支出占年收入的比例

行业	百分比
金融服务行业	8.6%
政府机构、教育和非营利行业	5.5%
医疗保健行业	4.4%
制造业和交通运输业	2.6%
零售业	1.7%

2011年CXO传媒公司授权转载。版权所有，未经授权不得转载[33]

此外，《首席信息官》杂志2011年1月发布的第10次年度调查显示，在729个高级IT管理人员中，有17%的人员表示，在他们的公司和业务机构中IT支出占公司总收入的8%以上。

事实上，纠结于数字多少是没有意义的。很显然，社团要想在未来取得成功，必须在技术上集中投入更多的资源，技术上的开支至少要占总收入的10%。我们前段时间曾经合作过的一个组织，允诺把年收入的17%投入到技术上。

增加在技术方面的支出并不是一件容易的事情。首先，你必须说服理事长去增加技术支出在总收入中所占的比例。很多理事长起初并不会接受你的建议，因为通常情况下，他们并不完全了解技术，因而也就不会承诺在技术上投入更多的资金。其次，技术也在不断地快速更新，然而社团要深思熟虑，要规避风险，因而对技术变化发展做出的回应也是相对缓慢的。并且，增加技术资源投入的比例意味着其他项目和活动投入的资源就会减少，这就使得增加技术方面的投入非常具有挑战性，因为其他项目和活动的所有拥护者（会员、志愿者和员工）可能会抵制这一行为。最后，普通的社团一般都不具备确定技术优先所必需的专业知识，这可能意味着要采用业务外包形式来获取这些专业知识。

首席执行官的角色

社团中最需要否决权限的人就是首席执行官，首席执行官最需要纪律以保障能做出艰难的决策，来保证社团把资源集中在最重要的项目或服务上。首席执行官之所以最需要纪律，是因为大多数由员工选举产生的理事会主席或领导为了保障他们的群众基础和领导地位，不会拒绝他的同事和会员们，说社团并不准备采纳他们的想法或采用他们的建议。官员或理事会的领导一般不会立即接受员工和/或会员提出的新想法或新建议，可能会推迟一段时间，但是让他们顶住赞同新想法或新建议的压力，永不屈服是非常困难的。

政治环境不会对那些恪守纪律而否决过多的项目或服务的人心慈手软。恰恰相反，社团的政治环境使得那些能够察言观色和顺应时势的人非常受欢迎，因为他们更乐于支持他人的新想法或提议，他们有很多的政治同盟，并且他们的政治基础相当稳固。在这种情况下，每个人都能达成心之所愿，大家相处得和谐融洽，也都很开心。结果，社团的项目和服务不断扩张，资源被分散在各个领域，竞争地位开始削弱，价值也在衰减……通常情况下，由于无法应对这一困境，志愿者领袖就会退出理事会，并且离开社团。接下来社团会选出新的志愿者领袖或理事会成员，一切又会重新开始。

客观现实就是，理事会成员做出决策，但他们不会为这一决策负责，因为他们自己在决策过程中没有过错。也没有人对理事会成员进行年度审查或考核，他们也不是通过工作绩效来获得报酬。并且许多理事会成员只会在理事会待一个任期，然后就会进入另一个组织，从事下一个志愿者工作。正如一位高级行政人员所说："让人匪夷所思的是，由那些在理事会仅仅任职一两个月就离开的理事所做出的决策，员工则需要许多年来贯彻，有些决策甚至要贯穿员工的整个职业生涯。"

有多少理事会成员以一个理事的身份，在他们最后一次会议上投票赞成员工引进或追求重要的新项目和服务呢？当理事会成员做决策的时候，有多少人认真考虑过决策对资源的影响？有多少人考虑过决策是否与社团的战略方向相一致，以及会给社团集中决策带来什么后果？

当然很多志愿者工作时都尽职尽责，认真负责。但是在今天的社团中，工作认真负责的员工还不够多。一个理事会成员之所以在理事会会议上提出一个不完善的想法，虽然这个想法有时缺乏足够的资金和完整的营销可行性计划，是因为理事会成员想通过所做的一切，给我们引进一些新的东西，并且期望能够促进社团更好地发展。然而，我们经常依赖"梦幻之地"的方式：相信如果我们提出一个新想法，这个想法最终会按照既定计划实现。

志愿者的流动性（与同事一起工作，"今天还在，明天就离开了"）要求首席执行官成为资源集中的管家。首席执行官需要使用——理事会也必须授权他们使用以下的技巧来把社团的资源集中在关键领域，以确保社团能够真正做到集中决策。

提出一些重要的问题　这些问题应该能够考察新想法、要求、建议或提议是否和集中决策相违背。比如，这个项目真的值得我们从商定的优先事项中抽取资源吗？这个项目真的值得我们从已经商定要从事的关键领域中转移有限的资源吗？我们是否已经充分地分析了这个项目需要什么样的资源？

收集数据 很多理事会决策都缺乏充分的数据作为支撑。首席执行官必须对资金、人力资源（包括志愿者和员工）、市场营销和沟通成本以及预期的收支平衡点（假设存在这个点）这些实际情况有足够的了解，把它们作为数据，来证明每一个想法、要求、建议或提议需要多少资源。

清晰地表述选项 如果新的想法和提议能纳入社团的集中优先事项，那么接下来就详细地阐述这些想法和提议可能需要的资源总和。"好的，你预计需要的经费是多少美元，需要安排多少小时的志愿者和员工时长，需要保证多少美元用于市场营销和推广。如果我们将这个想法纳入我们目前所达成共识的最重要的事项中，在我们认同的集中领域实施，我们需要在第一年完成多少工作量。"

社团要想真正取得成功，在集中战略的过程中，首席执行官需要与理事会相互配合，成为关系密切的合作伙伴。不幸的是，大多数理事会并不是建立在绩效的基础上，理事会的成员之所以成为理事，有的是基于地理位置，有的是基于特殊利益，而有的是人脉和资历等。在管理社团的过程中，这样的理事会很难紧密团结起来，群策群力支持集中决策。这就是为什么我们提倡组建小型的、以能力为基础的理事会，我们认为理事会成员的选拔要看他们是否具有特定技能、知识或者其他能力资格，包括维持秩序、认真管理的能力（不是微观管理），严格管理社团的活动和资源的能力，必要的时候愿意拒绝过多的项目或服务。在现实中，哪个首席执行官不想在他们的团队中拥有这样的理事会成员呢？

大多数理事会在集中决策方面都经验不足，也没有现成的案例可以借鉴，都是在实践中探索前进。理事会的大型规模让理事会成员在集中决策的过程中容易受到政治因素的影响，也容易受到个人游说的影响。理事会定期换届这种内在的不连续性任职的状况让理事会成员很难维持集中战略。大多数理事会成员没有纪律性，也没有耐心去完成集中决策，除非他们授权给首席执行官。他们很少能领会到集中决策的力量，直到理事会成员开始获得集中决策带来的巨大收益时，他们才恍然大悟。

理事会的作用

在资源有限的情况下（这是大多数社团的实际状况），明智的理事会成员会选择与首席执行官合作，经过深思熟虑和艰难选择，然后做出明智的集中决策。不论是会员还是整个社团，他们都愿意紧密地团结在一起，花费时间来确定自身的优势力量，专注于能够获得最高投资回报率的活动。

下面的方法可以为理事会集中决策提供帮助：

提出问题 像首席执行官一样，理事会成员也应该养成对选择和决策提出问题的习惯。提出问题能够确保理事会成员不错失机会，同时也是采用一种安全的方法去完成决策，同时又能够避免潜在的不和谐因素。对于健全的理事会功能来说，统一和明确的目标必不可少。理事会成员（有时代表不同的赞助者）认真倾听对方的观点，相互学习和借鉴，提出有价值的问题并且认真回答的过程，有利于理事会成员之间达成共识，同时也能够创造和谐的氛围。通常情况下，问题提得越深入，最终的决策就越明确。

信赖员工 认真听取由社团支付薪酬的专业人员的意见，也不要害怕通过向他们询问来验证数据与假设是否可靠，要及时确认他们出色的工作。让员工负责提出深思熟虑的提议和充分审查过的建议，让他们负责尽职调查，但并不意味着推卸和放弃责任，要确保一切都在你的掌控之中。

做出决策 当理事会成员之间缺乏共识或在某一个问题上存在很大分歧时，最终决策很容易被推迟。但是理事会拒绝做出集中决策可能会削弱社团的地位及其价值主张，也会造成社团项目资源短缺和／或欠佳的会员福利。

善于放弃 这些产品和服务是否盛极转衰了？还是它们从一开始就没有达到所预期的结果？其他产品和服务是否也过时了并且需要更新？可能一些产品或服务一开始就考虑不周，只是理事会成员出于好意，批准了这些产品或服务。如果允许这些项目勉强运行，会阻碍资源的合理利用，占用员工的宝贵时间，使会员之间的交流出现混乱。当社团终止一些其他领域的活动以便于更好地集中资源时，当首席执行官和理事会主席重新看到整个社团又焕发了新的活力、热情和潜力之后，他们可能会感慨："我们很久以前就应该这样做。"

成功的战略

因为集中资源对许多社团来说仍然是一个新概念，所以社团可能需要花时间，不断尝试来将集中资源变成一种习惯。不要低估养成一种新习惯的难度，"像往常一样经营"和"用习以为常的方式去经营"的观念根深蒂固，所以应该经常提醒员工和志愿者，这是"跟往常不一样"的新常态，在竞争如此激烈的环境下，"用习以为常的方式去经营"显然不起作用。培养一种新习惯的最便捷的方式就是，用事实说话，展示集中资源战略所取得的前期成就。以下几点建议将会很有帮助。

1. 不要把竞争定义得过于狭窄。 对竞争进行全面、深入的分析是至关重要的。除非领导和员工对竞争的规模和强度有了一定的了解，否则他们就没有足够的动力去严肃和认真地集中资源。作为战略规划活动的一部分，你需要对竞争进行一次严密的评估（第四章中提到的竞争分析矩阵对于评估会有所帮助）。领导和员工需要扩大竞争的定义，也要更加宽泛地确定竞争力的影响范围。你要非常明确正在进行的竞争是什么以及它是怎样影响你的。

2. 不要分散和过多审议新项目。 当今社团的一个共性问题就是，提供了导致重点分散的过多服务，并且随时在审议提出新项目的建议。理事会成员、员工、委员会主席总是把新的想法提上理事会会议议程。于是他们在每年的3月，批准一项外展活动；同年6月，批准一个团体折扣项目；随后的9月，又把教育研讨会加到了议程上；而在12月，他们又同意与一个相关的社团确立合作伙伴关系。

为了避免社团业务漫无目标地四处蔓延，社团必须对新想法和增值服务的提议加以限制，每年有固定的一两次理事会会议，专门集中讨论这些提议。当然，最理想的状态就是，审议这些新想法和增值服务的会议要在审批下一年预算的理事会会议之前召开。开展新的项目需要资源支撑，对新项目的资源分配势必会导致社团对优先事项的资源投入减少。如果有不同的新项目被同时审议，他们也会为了资源彼此竞争。理事会不大可能采用投票的方式来处理这么多的项目，而且他们应该更加清楚地认识到这些项目共需要多少资源。一定不要让善意的志愿者或员工通过提议琐碎而微不足道的新项目和建议逐步地分散社团的资源。同样地，如果类似的情况出现苗头，一定要想方设法去尽快解决。通过简单快速的分析我们就能了解，社团是否需要批准例外情况。当然，现实中例外情况肯定存在，只不过少之又少。

3. 集中创新活动。正如我们前面所讲到的，创新比起创造力来说，内涵更加丰富，功能也更加强大。从一个想法发展成为市场化的产品或服务需要经历很长一段时间。尽管对于创新活动来说，重要的是需要经过多次自由的、无拘无束的头脑风暴，但在某种情况下，社团必须就创新替代方案进行集中决策。一个想法要想变成市场化的创新性产品或服务，需要社团集中注意力，投入精力和资金。但是需注意如果你在有创新潜力的项目组合领域同时开展多项创新活动，最终你很可能会一无所获。

4. 确定所需员工数量。接下来可能会有一些疑问："如果我们只专注一个领域结果会怎样？如果我们所有的员工只关注一件事情将会怎样？如果我们在某个项目上孤注一掷，我们的完成情况会怎么样呢？"答案很可能是："要比我们现在的情况好得多。"如果你真的这么做了，社团将会产生巨大的改变。抑或考虑一下你认为有巨大潜力的部门，"如果我们将部门的工作人员增加1倍，部门将有什么样的改变？如果我们增加一些新招聘人员并将其留任，社团将会得到什么回报？"或"如果我们有一个全职的、主管社团发展以及给员工提供支持的理事来筹集资金，而不是用志愿者委员会来筹集资金，我们基金会的收益会发生什么样的改变？"如结果差别很大，那么必须思考接下来的问题："我们怎样才能把其他领域的在岗员工集中到这一发展机会上来呢？"

确保上述问题能够帮助你专注于自身优势力量或帮助你集中资源。否则你所确定的机会可能会偏离预期的目标，而不是如你所设想，以一种深思熟虑的战略设计来巩固社团的发展前景。

有关集中资源的最后一句话是：不要低估了集中资源所释放的能量。在本章开始时，卡尔·冯·克劳塞维茨的观点是将军应该将他的部队化整为零，以保留有生力量。与他的做法相反，在第二次世界大战中，艾森豪威尔将军没有攻击整个的法国海岸线，他倾注了所有兵力，集中攻击50英里（约80千米）长的诺曼底海岸。

1944年6月6日，第二次世界大战中的诺曼底登陆行动把盟军的海、陆、空兵力集中起来，采取了被称为在人类历史上最大规模的进攻。这次作战的代号是"霸王行动"，盟军输送了5个海军突击师抵达诺曼底海滩，登陆力量包括7000艘军舰和登陆舰，运送了来自8个盟军国家的195000多名海军。仅6月6日当天，登陆诺曼底的英国、加拿大和美国士兵就有133000多名。截至6月30日，"霸王行动"总共成功运送了850000多名士兵，148000余辆汽车和570000多吨物资抵达诺曼底。[34]

集中就是力量！

第六章　战略整合：整合项目和服务

> 大多数人没有意识到，战略配称是创造竞争优势中最核心的要素。
>
> ——迈克尔·波特[35]

社团提供项目、服务、产品和活动。虽然少数的项目、服务、产品和活动覆盖范围较小，但也有一些覆盖范围相当广泛。无论社团所提供的项目或服务影响范围是大还是小，社团的项目服务组合方案都很少能按照发展或指导社团的项目和服务的总体规划来实施。长此以往，典型的社团福利套餐总有一天会发生。不幸的是，福利套餐的结果通常是价值无差别的大杂烩——这里实施一个项目，那里推出一种产品。几乎没有一个社团的项目组合方案是内聚和深思熟虑的，也很少有意识地整合项目和服务并使之互为补充、相辅相成。总之，社团提供的项目、服务组合很少能够充分发挥协同效应。

由于几十年来社团一直在几乎没有任何竞争的环境中运营，因此社团存在着难以发挥协同效应这一缺点也是可以理解的。多年来，社团每提出一个项目或服务并将其推广给会员时，都能轻松地吸引大量的用户或参与者，所以不管在内部还是在外部，社团都有扩展产品和服务种类的机会。

从外部来看，会员市场的供应商发现：社团可以作为他们进入市场的一块跳板。在许多情况下，只要社团认可（或默认支持）供应商的产品或服务，就能让供应商的产品或服务立刻赢得市场信誉。因此，这些供应商更乐意为社团的业务活动支付一定的费用、版税或佣金。社团只需要将这些产品和服务列入收益清单中，简单做一点广告宣传，就能轻易获得一笔佣金，赚钱很容易。会员通过社团也获得了比市场价更优惠的价格，实现了供应商、社团和会员的共赢。对社团而言，维持与供应商和会员之间共赢的关系几乎不费吹灰之力，或者至少以前是这样的。

社团扩展其项目或服务的又一个外部推动资源来自相关社团。他们经常发现，将2个或3个社团的成员集合在一起，合作经营一些项目或服务会有巨大的潜力，例如联合举办教育会议，共同推出一项公共关系活动或一起合作来实施保险项目。几个社团一起分担费用和风险，共享净收入，这当然比一个社团单打独斗更加容易。同时，社团会员也获得了收益，如果一个社团没有和其他社团合作经营某些项目或服务，其会员就无法获取更大利益。但以前社团获得这些机会，却是轻而易举之事。

竞争对手通常是新的利益或项目催化剂。理事会成员或员工看到另一个社团成功地推出了新的产品或服务，就会反思："为什么我们没有提供新的产品或服务呢？"既然其他社团提供的产品或服务是成功的、有效益的（或至少表面上是这样），那么很显然我们的社团也可以。提供新的产品或服务能够给会员带来利益，也有利于社团招新和留住现有的会员。毕竟，增加项目、服务、产品或活动是社团传统工作的一部分。日益增加的不同背景的会员有着不同的需求，因此需要提供更多的服务或产品来满足日益分化的会员市场需求。我们很少见到有不喜欢新项目或新服务的理事会，因为他们执着地坚持一个错误的信念：更多的"东西"能够使社团增值。

于是，非会费收入就像无处不在的"塞壬之歌"，对社团充满了魅力和诱惑。在社团计划会议上，我们无数次地听到"我们需要开发新的非会费收入来源"类似的言论。没有社团会反对有更多的收入。追求更多非会费收入的提议，几乎不会考虑社团正在进行的其他业务（当我们提到"业务"时，我们指的是社团所提供的所有特有的活动和服务）。社团获得非会费收入的机会是否合适，通常并不重要，甚至不会被讨论或考虑。社团唯一的宗旨就是创收，很少考虑收入的来源，也不会考虑它是否和其他产品或服务匹配，抑或是会让已经举步维艰的各种项目更加混乱。讨论中通常很少出现"纯利"，也就是净收入这个术语。社团缺少对于开发、市场、员工和新非会费收入的成本评估。也许几年后，社团就会发现整个活动并没有产生预期的最终结果，只是竹篮打水一场空。

什么是整合？

在《哈佛商业评论》网站博客上有一篇文章，是战略与竞争力研究中心的高级经理人琼·玛格丽塔撰写的，内容是关于迈克尔·波特研究的优秀战略五项测试。对于"整合"，她在文中写道："伟大的战略就像复杂的系统，在这个系统中所有的部件都能够天衣无缝地组合在一起，并且相互匹配。你所选择去做的每一件事情都能够增加其他事情的价值，这就是为什么配称可以提升财务状况，同时也能够促进可持续发展的原因。"[36]

为了更好地理解整合，我们结合出版业来分析一下。当你听到约翰·格里森姆这个名字时，你会想到什么？法律悬疑小说！听到J.K.罗琳，你又会想起什么？没错，是青少年奇幻小说！

出版商们比谁都了解整合的价值，尤其是当他们手头已经有了一本畅销书时。格里森姆的第二本书也是法律悬疑小说；罗琳的第二本书也是青少年奇幻小说（不是一般的青少年奇幻小说，而是另一部哈利·波特奇幻小说。）第二本书和第一本书相配称，粉丝们也就不会感到困惑或失望。财务状况改善了，作者创作的可持续性也有了保障，这就是整合的价值。如果这两个人用不同的体裁写第二本书，假设格里森姆写浪漫文学或罗琳写非小说类文学作品，结果绝对不会像现在这样，格里森姆和罗琳也不会像今天这样成为家喻户晓的人物。截至2008年，格里森姆作品的全球销量已经突破2.5亿。[37] 世界上只有三位作者第一次出书销售量就突破200万册，格里森姆便是其中之一。另外两位是J.K.罗琳（截至2011年6月，她的书已经售出4.5亿册）[38]和汤姆·克兰西[39]。

格里森姆直到他的第12本书(《已上漆的房子》)出版后,他才拥有大量的粉丝,他除了法律悬疑小说外,没有出版过其他任何作品。J. K. 罗琳完成哈利·波特系列7本书不久后,开始改变体裁并出版《偶发空缺》(*Casual Vacancy*)。在她的最后一本青少年奇幻小说完成七年之后,2012年她进军成人文学领域。

基于已确定的观念和均衡的利益水准,对于社团来说,线性扩张和拓展相关服务自然更加容易。带着这个想法,让我们来分析下面这些社团。

我们曾经与一个行业协会合作,该协会的一位理事会成员吹嘘,他们的协会通过举办重大会议和展览会获得了丰厚的收益。重大会议和展览会确实是该社团的主要收益来源。但当财务委员会和首席财务官进行更细致的观察时,我们发现,虽然扣除直接成本之后,会议和展览会确实产生了盈余,但是员工的时间成本和间接费用并没有计算在内。当员工的时间成本和间接费用(按最保守的估算)被扣除之后,真实情况出现了,所举办的会议和展览会已经亏损多年,当然所谓的净收入也化为泡影。

曾经与我们合作过的一个慈善组织也有类似经历。这个慈善组织明智地制定了一项政策,只允许组织参与募捐活动,希望通过对每一个志愿小时计时收费带来净利润。不幸的是,这项政策出台之前,就有审查显示慈善组织的一些募捐活动给予志愿者的报酬低于规定的每小时最低工资标准。尽管事实上,这个组织的许多志愿者本身薪酬就很高,例如他们可能是房地产经纪人、医生、律师或医院院长等。这一尝试显然没有充分利用志愿者的时间和专业知识,也没有达到预期效果。反思一下募捐活动(包括员工成本和间接费用)可以得出清晰的结论:尽管募捐活动很重要,但显然它与组织的总目标不相配称。

在探索非会费收入的过程中,我们所熟知的一个生物协会,根据会员提交的照片设计了一套非常可爱的挂历。协会非常看好这份挂历,他们定制了1000册,每册定价15美元,预计收入可达到15000美元。正如其他志愿者团体通常遇到的困境一样,他们了解到的信息太晚了,只有在高校注册的学生组织才能在校园销售商品,因此,协会计划的一个主要销路被切断了。

正如你能够想象到的那样，销售结果不尽如人意。5位受过高等教育的科学家设法推销了350册，除去印刷成本，为协会创造了300美元的净收入。事后反思，理事长认为这一销售活动是一个"非常低效的时间利用。"这再一次证明了，如果一个项目与社团提供的其他项目和服务不进行战略整合，那么这个项目就无法为会员提供价值。

与上述情况形成鲜明对比的是西南航空公司，该公司清楚地认识到哪项业务与本公司的经营战略最匹配，因此在业界享有盛名。沃尔特·基希勒三世在《策略之王》中写道："西南航空公司在实施廉价航空战略时，公司权衡取舍，最终选择了整合方案：公司只运营短途航线，不提供餐饮服务，也不与其他航空公司衔接，只使用一种类型的飞机来保证更短的转场时间和更长的飞行时间。"[40]

理事会并非唯一提出考虑不周的利益或行动的团体，委员会也步其后尘。委员会主席推动委员会成员提出新方案来增进会员利益或非会费收入，委员们也大都唯命是从，遵照主席的意志行事。理事会的成员也不愿意做恶人反对同事的提议，于是提议通过，皆大欢喜。看起来社团提供的服务越多越好，这就是"不需花费太多"的陷阱。新方案与社团的战略相匹配吗？可能不匹配，只会给早已混乱的服务组合又增加一个不相关的产品或服务。

在整个过程中，从首席执行官到部门主管、委员会负责人，再到员工，他们的愿望都是一样的，他们都想使社团增值。今天所有的社团都希望创造一个能够增值的卓著的价值主张，社团上上下下都在绞尽脑汁，苦苦寻觅新方法来使社团增值，其中最常见的方法就是增加新的服务或福利。不可否认，还是有一些扩展产品或服务方面的努力与社团战略相契合的。但是"圈外思考"的方式开发的一些新业务会带来不可预期的后果，对增进社团现有的利益毫无建树，甚至还会拖后腿。

无论是受外部力量还是内部动机的驱使，大多数社团提供的产品或服务组合通常不能相互匹配。实际上大多数社团遇到的共同问题是其项目和福利仅仅考虑了某一特定时间段的会员需求。

迈克尔·波特在其非常著名的作品《什么是战略》中写道："各项活动

之间的战略配称对于社团获得和保持竞争优势至关重要。竞争对手或许可以复制你的某项单独活动，如特定的销售方法、一项工艺技术或者一系列产品特点，但是很难将其所复制的单独活动，根据自身战略整合成一系列连锁活动。因此，社团建立在活动系统之上的竞争优势要比建立在单个活动之上的竞争优势更持久。"[41]

让我们面对现实。开发相互协调的项目和服务比舍弃这一个项目和那一个服务更加困难。这意味着社团必须做好两件事情。

第一，做一个真实的评估。我们提供的是"连锁的活动"还是"系统的活动"，或者是以多样的个体活动为基础的服务组合？

第二，定义和致力于一个统一的概念，为战略整合奠定基础。与社团战略相整合的主导宗旨或核心优势是什么？社团的本质是什么？参考本书第三章中克里斯·祖克对核心业务的描述，可能会对你定义和致力于一个统一的概念有所帮助（他把核心业务定义为社团拥有的相互配套的产品、能力、客户、销售渠道和地域）。

例如，一个行业协会可以将其宗旨界定为政治性的，那么协会要做的工作将包括游说、立法修正、基层活动、竞选支持和政治行动委员会。此外，协会也将从事监管宣传、新法规修正以及致力于遵纪守法和协助守法的教育产品。

行业协会的另一个概念——市场协助也是整合的基础。展览会或贸易展是这一宗旨的典型支撑，它们是有效连接买家和卖家的主要渠道。与市场协助互补的服务和产品可能包括一份杂志或通讯（希望是数字化的！），这份杂志或通讯主要关注新产品/市场的开发和宣传机会、市场数据、市场研究和趋势研究、创造需求的宣传项目和开拓新市场的全球贸易任务。

对于专业社团而言，一个合理的宗旨是提高继续教育项目、专业研讨会、学术期刊、专业知识的在线网络传播、奖学金项目、卓越奖以及学生会等业务形式的能力。

个人会员协会的宗旨是职业发展，包括职业发展项目，职业晋升和咨询、招聘信息、文档数据库（简历模本，合同范本等），薪酬研究和辅导项目。

互补性的服务能够带来整合。这不是巧合，而是必然会让社团专注优势力量（因为它们都在同一个领域）和集中资源。社团通往成功之路的五个战略能够产生协同效应，它们之间进行整合，相辅相成。

医疗保健女企业家协会（HBA）通过为医疗保健领域的女性培养领导能力，找到了与自身整合的发展方向。自1979年成立以来，该协会一直致力于发掘医疗保健行业的杰出女性，为她们提供教育和交流机会，并且为女性职业发展提供渠道。尽管医疗保健女企业家协会能够有效地向居住在经营性分支机构附近的人们传递价值或宣传协会的某项活动，但由于该协会没有及时建立足够的分支机构，以致有些可能会从其领导力发展项目中获益的人与它失之交臂。后来，该协会希望建立一个不受地理因素限制的平台来扩展他的会员。此外，参加现场活动的会员对协会提供的继续交流和学习方式很感兴趣，这种继续交流和学习方式能让她们更长期、更深入地探索职业提升的主题。

医疗保健女企业家协会开发了在线领导力平台，这是一个为协会提供独特平台的虚拟环境。在这个平台上，医疗保健女企业家协会可以主办在线教育会议，直播对话，机密的培训研讨和电话会议。平台也为医疗保健女企业家协会提供了存储参考资料的空间，也为领导力这一概念在医疗保健领域的女性中推广提供了机会。

医疗保健女企业家协会首席执行官劳丽·库克说："我们采用与大多数组织不同的方式，创建了一个虚拟环境。我们更希望建立一个虚拟社区，并且鼓励大家长期广泛参与，而不仅仅是三分钟热度。实际上我们正在努力探索一些事情，类似于为那些不能出席当地会议和全球会议的人们提供参会以及与同事和领导接触的机会，否则这些人可能永远没有机会跟同事和领导接触。我们只是开发了在线领导力平台的表层功能，还有许多功能没有开发。"她又补充说："当我们刚开发在线领导力平台时，我们把增加10名新成员作为项目的预期目标，实际上最终我们增加了26名成员。在大约300名参与者中，75%的参与者都是有着16~20年资历的高级及以上管理阶层的人员。

这些人都是在大型组织中管控丰富资源的高级主管，这些管理者习惯于质量非常高的培训课程和其他资料。参加者告诉我们，领导力实务课程达到或超过了这些人的心理预期。"

在线领导力开发平台与社团战略相匹配。它使得社团能够不受地域限制增加会员，也能保证会员之间全年都可以继续交流，并且为不同职业阶段的会员随时随地提供教学培训。

当项目和活动不匹配的时候

当产品线（我们提到的"产品生产线"指的是社团提供的项目、服务、产品和活动清单）上的项目和活动不相匹配，就会导致以下后果。

竞争风险增加

正如波特指出的那样，竞争对手易于模仿或攻击社团孤立的和零散的服务或业务活动。不同的竞争对手每次会模仿社团的一项服务。竞争对手很难模仿社团系统的或综合的服务或业务活动，更难在这些方面同社团竞争。

当你伸出双手，让手指都张开时，它们很容易被折断。但是如果你紧握双手，手指交叉在一起，要想折断其中一个就没那么容易了。对于匹配如何起作用，这是一个很好的比喻。

沟通面临挑战

大多数人会同意：社团的信息越来越难以到达会员和市场这一终端，虽然沟通交流的渠道在增多，参与者数量也在增加——然而会员读取媒体信息的时间量却在逐渐减少。

下列哪种沟通方式更容易：一个紧密结合、有效协调的产品服务组合，还是一个多年来形成的零散的大杂烩？如果社团的产品线是有意义的，并且相互关联和互相协调的，那么会员心中社团的定位就会显著提高。社团会员不可能花时间去深入分析一个不协调的、无序混乱的产品服务组合来判断其可能存在的价值。太多的社团有一个混杂的产品服务组合；看一看典型社团的网站内容多么繁复，然后观察一下你的竞争对手：他们会让你的会员在为他们提供的产品和服务中很难找到可能存在的价值吗？

组织的复杂性

不相关的项目和服务的复杂组合会产生组织性问题。大型组织都可能有筒仓结构，在这个结构中员工几乎没有（如果曾经有过）互动交流（合作就更少了），他们的努力和活动彼此没有关联。在许多情况下，员工之间是竞争而不是合作关系。在其他情况下，他们争夺关注度、优先权和资源。在这种情况下，社团的优势体现在哪里？社团哪里能够发挥协同作用？这种安排如何为会员增值？

对于小型社团而言，组织性的影响是巨大的。只有两三个（甚至一个）员工是难以想象的，每个个体都被迫去管理多样化的且彼此几乎没有共性的项目、服务、产品和活动。假如，员工完成保险项目工作之后，就从保险业务员变身为教育工作者，继续进行教育项目工作。两个小时后，他又停下教育项目，变身为社区服务委员会联络员。与其说是在从事管理工作，倒不如说是在"变戏法"！

考虑一下任务转换时的停工时间。如果每次转换任务要花费 15 分钟来重新调整，平均每天有 5 个独立的任务，那么员工从一个工作转换到另一个不相关工作的时间，一周累计就要超过 6 个小时（或者占他们工作时间的 15%）。与此相反，如果一个社团的服务组合紧密关联、互相协调，那么这个时间浪费就会最小化。工作任务从继续教育项目转换到资格证书项目，再转换到项目内容委员会联络工作与从保险业务转换到政府关系，再到快递折扣是不一样的飞跃。

项目整合不足也会影响志愿者功能。有的社团的委员会也像员工一样各自为政，互不沟通。有价值的志愿者人力资本分散在许多职能和活动中，而志愿者的优势没有整合与协调。所以，小型社团的管理成本较高，因此它比大型社团更加依赖志愿者。

人力资本效应

在小型社团中，管理多样化的项目和服务导致员工是"万金油"，但却是"不懂行的人"。虽然处理多项任务是一个令人钦佩的技能，但不是一项竞争优势，恰恰是一项内在低效的竞争劣势。思考一下：有两个社团，每个社团都有 5 名员工。一个社团拥有高度匹配的综合性服务组合，这个社团的员工看起来像个篮球队：两个后卫、两个前锋和一个中锋。另一个社团正在运营 5 个不同的、几乎毫不相干的业务活动，这个社团的员工就像一个曲棍球防守队员、一个三垒手、一个篮球运动员、一个接球手和一个足球守门员。孰优孰劣，一目了然。

你的员工看起来是什么样子？他们是否活跃在不同的领域或场合？他们是否在开展完全不同的活动？他们是否穿着不同的制服或使用不同的工具？如果他们是这样的，你就很可能会感受到不相匹配所带来的不利影响。

第七章　有效利用战略整合

> 做到配称是困难的，因为它需要整合决策、行为等许多细节方面的内容。
>
> ——迈克尔·波特[42]

社团要想整合和凝聚其产品和服务，就必须聚焦于优势力量。当你为战略配称界定核心宗旨或潜在理念时，首先应该考虑的就是自身优势力量。如果你的战略配称不是依托优势力量，而是围绕其他因素的话，是不大可能成功的，其原因我们在之前已经论述过。

当社团在考虑项目和服务时，思考以下这些问题会有所帮助：

- 这些项目和服务是否与我们的优势力量相匹配？
- 这些项目和服务是否与我们最擅长的项目和服务相一致？
- 这些项目和服务所支持的领域是否与我们能为会员提供最大价值的领域一致？

例如，行业协会可能将优势力量或核心竞争力定义为提高会员公司绩效的能力。协会的核心产品是稳定的行业信息资源。相比能操作比率、市场份额、销售类别、薪酬以及其他一些业内公司所认为的关键因素来说，行业信息应该是行业协会的首要资源。任何新的服务或项目都必须与协会的这一优势力量相匹配。协会通过研讨会来合理使用数据，通过咨询服务来利用信息，用移动 App 来比较公司与行业平均水平，以上项目都与协会的优势力量相匹配；而协会中的保险业务、求职公告栏、运费折扣等业务都与其优势力量不匹配。

比如说，一个专业社团把提高员工的工作能力定义为自己根本的优势力量。社团的核心服务是研讨会和学术会议，社团所有其他的项目和服务应该与社团的专业化发展相匹配。在社团现有的业务中，认证项目、个人专业评估工具都是匹配的，但政府宣传、保险和信用卡项目却不相匹配。虽然放弃后面这些项目（尤其当这些项目是收入来源时）着实不易，但这却是社团通往成功之路的必要步骤。我们将在第十章对放弃项目及相关内容加以论述。

不能强行匹配

所谓不能强行匹配，也就是说要鉴别一个项目或服务是否真正与社团战略相匹配。其前提是社团对项目和服务的评估是建立在认真思考、坦率和诚实以及严格遵守纪律的基础之上。社团管理人员和领导们必须能够预料到员工和志愿者们会认为他们的想法、提议以及新服务项目是匹配的，他们会想出来各种各样复杂的理由来据理力争。如果有必要，用事实和数据来向他们证明，综合协调的服务组合能够在保障他们原有利益的基础上，增加新福利。思考下面的问题能够避免不合理的项目逐渐侵蚀你的匹配项目，慢慢掉入福利套餐的陷阱。

- 新的服务与核心竞争力之间有什么直接联系？如何在现有活动的基础上建立优势力量？
- 在我们综合协调的服务组合中，新提出的营利项目是怎样补充或加强其他的项目和产品的？
- 新的服务和产品怎样完善现有的凝聚福利套餐的？

清楚地回答以上问题就能够说服你自己、员工或志愿者放弃一些与组织核心竞争力匹配不明显的项目和服务。如果项目和服务与组织核心竞争力的匹配不够明确，这些项目和服务就应该被放弃。

配套服务

尽管理想状态是所有的服务和项目一体化，但许多社团很难在短期内达到这一理想状态，会员利用、财政考虑、传统因素都会带来干扰。社团要想朝着正确的方向发展，充分利用匹配带来的好处，就必须做到：配套服务。

其实，配套服务就是社团各种各样项目服务组合中的项目和服务能互相协调、互为补充。最好的办法就是以社团实力最强的项目为核心，建立与之相应的配套服务。为会员提供资源，让他们以认证所需的能力为中心，尽其所能，也不失为一种好的方法。

例如，美国独立保险代理人和经纪人协会（IIABA）通过开发配套的产品和服务来帮助会员利用技术提高运营业绩。该协会通过开发软件程序、培训项目、咨询服务、最佳业务实践标杆、同行咨询委员会等活动来推动代理人使用新技术。该协会各个方面的匹配度非常明显：基准数据库支持咨询服务，咨询服务会带来教育培训，教育培训又会让会员接触到适合他们业务的软件。该协会已经先后推出了两个主要项目来增强会员的竞争力：一个是全国消费者值得信赖的品牌，使当地的机构得到全国消费者的认同；另一个是消费者代理商门户（CAP），能给代理人提供搜索引擎优化、社交媒体、网站发展等业务。美国独立保险代理人和经纪人协会通过充分运用匹配的力量，现在能够满足大多数新会员的需要，它将继续致力于向政府以及运营商争取和保障会员利益。

一旦社团意识到战略配称的潜力，许多社团可能想立即应用配套服务。事实上，有些社团现有的项目和产品可能是相互匹配的，只不过它们没有被优化组合而已。只需要把它们集中起来合理配置，优化组合为内聚单元，然后推向市场，社团就会得到巨大的回报。

有着3000名会员的美国全国学院商店协会（NACS），从会员的利益视角出发，运用战略配称有效地重组了协会多样化的产品和服务。在美国全国学院商店协会网站上，它们用"工具和资源"来统领学院商店零售业的5大领域，分别是学院商店运营、课程教材、知识产权、营销和校园关系。在每个领域，美国全国学院商店协会都提供了配套服务：包括实用模板、样品、工具包和使用指南。在这里，会员不仅能够找到他可以利用的模板，而且在这个过程中他还能发现可以利用的相关工具包。于是，这种易于浏览的结构使得互补性服务的使用量急剧增加。

盈利的异常困境

与其他项目和产品不相匹配，但是能为社团带来丰厚利润，这样的项目和产品怎么处理呢？有时大量的资金能够为许多社团会员带来福利，更有甚者，在某些情况下，社团就是以这种能盈利的产品为基础发展起来的。

这让我们想起了一个很特别的社团，它过去通过举办贸易展览获得了巨大数额的净收入。我们说"过去"是因为市场改变了，社团也不再举办贸易展览了。社团在很长的时间里苦思冥想怎样利用这些资金来为会员做一些有价值的事情。经历了多年尝试却不成功之后，社团组织了一次会议，会员可以享受不用缴纳会议注册费用，甚至还可以为其差旅费报销现金的福利（这个社团真实存在，并非杜撰）。

这种情况下，营利性的项目和财务状况相"匹配"，资助了其他不能够带来利润的项目。人们一定会问，为什么社团会提供在市场上不能财务自我平衡的项目或产品？如果产品或服务那么有价值，为什么会员不愿意付费购买？为什么还需要补贴？

对于这种能够带来丰厚利润但与其他项目和产品不相匹配的"摇钱树"，社团有三种选择。

1. 停止项目。要么逐步淘汰，要么出售该项目。这就是辉瑞公司高管们的做法，当他们意识到公司的一些产品与他们的战略不相匹配时，他们就采取了淘汰和出售的办法。正如保罗·莱茵万德和切萨雷·马麦纳尔迪在《哈佛商业评论》2010年6月刊中所写到的。

> 由于辉瑞公司收购了华纳－兰伯特公司，消费者医疗保健项目组合（剃须刀和口香糖）已经从原来的非处方药领域退出，进入到了个人护理（锡克剃须刀和剃须膏）和糖果（口香糖、洁齿口香糖、泡泡口香糖）领域，不同类别的产品需要的能力集合明显不同。个人护理要求在皮肤护理技术方面创新独到、紧跟潮流，并且有能力设计有吸引力的包装；糖果需要快速地进行口味创新，并且要有能力获取商店前面靠近收银台的货架空间。如果辉瑞公司不愿意在这些能力上继续投资，就需要放弃这些产品或为战略不连贯承担风险。
>
> 2003年，辉瑞公司把糖果产品业务卖给了吉百利·史威士公司，把威尔金森剑剃须刀业务卖给了劲量控股有限公司。剥离这些业务使得辉瑞公司能够在其日益增长的全球医疗保健品牌（李斯德林、仙特明和尼古丁戒烟口香糖）和其市场占有率上投入更多的精力和资源，同时有能力进一步研发新品牌。
>
> 到2006年，辉瑞消费者医疗保健业务的年销售额增长到近40亿美元。辉瑞公司成为消费者医疗保健领域的第一大公司，公布的增长速度是行业平均速度的两倍。[43]

2. 拆分给另一个组织。就剩余的工作与其他组织达成协议：在不打乱你的服务项目组合的情况下，继续为你提供源源不断的收入来源。这样的话，会员仍然可以利用项目和服务。于是，社团整合了投资组合，淘汰了产品，同时也保留了收入来源。采取拆分措施，尽管对于之前喜欢这些项目的会员来说不公平，但至少项目还保留着，没有被停止。

得克萨斯州出庭律师协会（TTLA）为史密斯审判（TrialSmith®）选

择了拆分。史密斯审判的业务最开始只是一个网上证词数据库,现在它的业务已经扩展到社交网络、陪审团报告、日常法律新闻。史密斯审判目前是一个独立的营利性公司,公司根据会员参与协会和诉讼团体,以及使用其服务的比例,支付给他们回扣。2011年,超过128个组织从史密斯审判得到了总计87900美元的回扣,其中得克萨斯出庭律师协会史密斯审判得到了42159美元。[44]

3. 继续运行项目。将营利性项目中获得的净收入不仅仅用来资助其他项目,也用来继续支持营利性项目自身以便维持其营利能力。长期以来,营利性项目在没有补助金支持的情况下,逐渐提高财政绩效,实现了自力更生。很显然,如果投资一个项目连成本都无法收回的话,最终你要么必须减少产品的成本,要么停止这个项目。在此情况下,社团面临的挑战就是如何分配所获得的净收入,如果不在营利丰厚的"摇钱树"上再投资,那么营利项目的业绩也终将下降。

技术整合

整合的一个有价值的副产品就是,不管它在打造社团整个项目和服务平台还是遵从配套服务理念方面,都能给你提供重要的技术指导。整体的战略整合需要相匹配的技术支撑。当你在核心领域中整合服务、衔接活动时,如果没有积极地利用技术去让渡价值,社团就会很快偏离正题。

通常社团会掉进一个陷阱:在没有清楚地理解技术应用会如何增加价值就采用技术应用。他们乐于采用流行的新技术,这导致了社团经常为拥有新技术去寻找一个理由。你战略整合的主题或核心是否有利于回答一个重要的问题:技术在哪个领域能够增加价值以及如何增加价值。

例如,关注事业发展的个人会员社团可能会问:我们怎样利用远程教育?在线学习最好的模式是什么?我们怎样最大限度地利用求职公告栏?我们可以用脸书和学生建立联系吗?一旦这一系列问题的答案确定了,技术的优先顺序也就确立了，你就能恰当地分配时间和精力来开展工作——这些技术努力与你的整体匹配决策也是一致的。

关注与政府关系的行业协会可能会问下面的这些问题：动员会员去做宣传工作的最好数据库系统是什么？我们可以用短信提高政治行动委员会（Political Action Committee，PAC）的贡献吗？推特（Twitter）有与组织委员及其员工沟通的潜能吗？特定议题的脸书页面能够提高我们的工作效率吗？回答这些问题，能够给予核心业务一致的关键技术投资提供有价值的指导。

管理整合

对社团来说，整合决定性的维度就是治理。尽管在传统的战略意义中，这一点是不"合适"的，但社团要想在未来取得杰出的成就，治理是至关重要的。

理事会尤其要与社团的战略意图相匹配。一个地区或地域内非常受欢迎的会员不足以成为理事会成员来领导社团。提名委员会（尽管我们更愿意称之为领导力发展委员会，因为这表明有一个更综合的方法来识别和配备领导）不应该再问："我们可以让哪些人来为我们服务？"相反，他们应该认真地确定、审查和培养潜在的领导。如果社团想要同时保持相关性和竞争力，那么必须有目的地组建理事会。同是，如果你想要更有效地管理（界定为"指导和控制"）社团，他们就必须建立起一支有才能，高效率的志愿者队伍。

根据政治倾向、自我意识、地理分布、特殊利益组建的理事会不会对社团业绩有任何实质性的贡献。事实上，这样的理事会只会分散资源和严重地阻碍社团发展。如果理事会不能识别新常态并做出回应，那么竞争性的环境对社团绝不会心慈手软。领导们必须遵守纪律，必须理解明智的资源配置的至关重要性，必须理解明确重点的必要性，必须学会适应不可避免的权衡，他们必须提出这样的关键问题："这种新的想法与我们的核心主题或焦点相适应吗？"同时，他们也要学会在适当的时候说"不。"

寻求匹配

社团依靠提供多样的、无关的服务和活动生存的时代已经很快接近尾声了。社团的产品线必须和产品相互匹配、协调,做到相辅相成、互为补充。比起提供复杂的产品和服务,尤其是这些产品和服务没有关联并没有被整合的社团来说,目标单一、明确的竞争者会表现得更好。能够立刻对选项做出判断、有时间压力的会员会被优秀的资源吸引。混乱的交流环境不利于促进社团提供多种服务和活动。管理一系列不同的产品和服务的复杂性,会阻碍社团发现和利用有价值的资源。

比起优势力量来说,匹配是更难确定的。在社团界匹配是一个相对新的概念。要为组织确定一个统一的主题,奠定一个良好的开端,你可以参考下面这些主题。

- 政府（游说、立法修正、基层动员、支持竞选、规制遵从）
- 市场协助（帮助会员在市场上更具有竞争力）
- 职业（个人发展、求职公告栏、认证、薪酬研究）
- 能力（继续教育、学术期刊、网络在线、奖学金项目）

一旦确定了主题,你就要开始评估现有的项目、产品、服务和活动,用1~5的强度级差给社团列出一个"匹配率"。1代表几乎不匹配;2代表不太匹配;3代表有些匹配;4代表较为匹配;5代表完全匹配。像《突破传统——社团的五项根本性变革》一书中使用的分析矩阵一样,这样的操作能够启发和激励员工与领导之间的对话,也能让员工和领导明白匹配指的是什么,明白它是怎样帮助或阻碍社团发展的。一旦你知道什么产品或服务是匹配的,你就能决定怎样处理不匹配的要素,包括停止或处理它们,把它们转给另一个组织,或者通过继续经营这个项目来促进其他的项目获利。

当你在为服务评定匹配等级时,必须以你的优势力量为基准。与优势力量相匹配的项目和服务应该值得你投入大量的时间和精力去关注。

最后，你必须愿意淘汰所有不匹配的服务和活动。在《突破传统——社团的五项根本性变革》一书中，我们建议你对所有的服务和活动绩效进行全面的评估，如果可能的话，停止绩效不佳的服务或活动。我们现在比以前更加确信这一活动的重要性。然而，现在我们建议你看一看保留下来的服务清单，这次评估更注重匹配率而不是它们的绩效。我们认为这种做法对社团来说将是有益和有启发性的。

CEO 的角色

如同其他的战略一样，CEO 应该扮演"匹配监护人"这样重要的角色，因为他/她最了解社团所有的产品。当考虑新的项目时，CEO 应该通过匹配等级，来权衡新的项目和其他活动的匹配程度。CEO 也应该在考察新职员的匹配度——或者考虑新增加的雇员怎样适应现有员工的专业知识方面有所帮助。如果不相匹配，理事会或执行委员会应该知道这会对社团带来后果。最后，当 CEO 认为理事会不作为，或者新的项目或服务供应与原有的项目和服务匹配度不足时，他/她应该有权力提出质疑："您觉得匹配吗？"

CEO 能够发挥作用的另一个方式是把"匹配标准"整合到战略规划中。战略目标或举措必须与匹配概念和方向相一致，也必须在规划过程中实现制度化。在召开确定和阐述统一的匹配概念，赞同项目收缩的规划会议之前，CEO 需要做好准备工作。CEO 周到的前期工作能帮助理事会获得其所需要的信息，以便就长期规划做出明智的决策。

理事会的角色

本书所提及的战略中，对于理事会而言，匹配可能是最难掌握的。因为匹配对于志愿者领袖来说，可能是一个全新的概念。理事会应该非常明智地去明确优势力量和确定一个统一的主题，以便组织在未来能够更简单地检测项目和服务是否匹配。尤其是对于过去常常尽一切可能来满足所有人的需求，以及给每个人提供多种多样的福利的社团来说，确定一个统一的主题可能并不容易。如果理事会没有精力或意愿确定主题，也不愿意为当前的项目和服务评定匹配等级，至少理事会应该同意这么做可以推动社团发展。当理事会采用集中决策时，完成这个任务还是比较容易的。

在我们与不同社团 CEO 的谈话中，经常听到他们说："理事会上，我不需要一群'点头虫'，我真正需要的是能够协助我们仔细推敲并做出所有战略决策的人。"当理事会愿意从事建设性的讨论和探讨发展确定性和共识这一目标时，理事会就成为社团和 CEO 一项有益资产。这意味着理事会自愿涉足未知的领域，例如匹配对社团来说意味着什么，它怎样影响社团未来的发展。我们发现这样的讨论有利于激励和构建理事会与 CEO 之间更密切的关系。

第七章案例研究　将理论付诸实践：一个关于金属的故事

社　　　团：金属建筑协会（MCA）
预　　　算：180万美元
工作人员数量：12人，被协会管理中心管理（一个协会管理公司）
会 员 数 量：90家公司

金属建筑协会（MCA）成立于30年前，它是为了基于宣传建筑行业金属的形象而成立的。苏珊·华莱士（Susan Wallace）在《论坛》杂志上介绍了MCA的情况，个人会员公司应共同致力于跟"生锈的谷仓"（rusty barn）① 的认识做斗争，整个行业应努力传播金属的耐用性和可持续性的正面宣传。[45] 从那时起，金属建筑协会（MCA）的每一项努力都致力于在建筑上使用更多的金属。这一使命奠定了协会的匹配基准。

当今，该协会正以会员利益为中心，通过致力于监测与回应影响金属使用的因素、支持产品性能测试、启动法规研究等措施，来排除金属在建筑使用中的障碍。

该举措的一个方面就是协会赞助的"大人物"会议，会议将设备经理、建筑师、成本分析师聚集到一起，向他们传授在建筑方面利用金属的知识和经验。到目前为止，协会已经组织了30场这样的会议，会议致力于传播和交流金属在使用寿命、节能和防火方面的优势。

"大人物"会议最初是由协会之外的机构基金资助发起的，也只有一些会员支持。后来由于经济状况变化，现在会议的经费由基金会向会员收取会费来维持。尽管发生了这一转变，协会的会员仍在2010年增加了7个。

据FMI公司2010年的研究显示，自从2006年以来，金属在商业和公共机构建筑屋顶、墙体建筑方面的利用率已经增加了大约20%。[46]

---

① 译者注：rusty barn，生锈的谷仓，意指金属易生锈和不耐用。

协会多年如一日的在建筑行业中从事提高金属使用率的宣传并不容易。协会管理中心的负责人马克·恩格尔（Mark Engle）说："我们始终坚持围绕主要议题展开讨论。哪怕会议上被提出的某项建议是有趣的，只要它不能增加金属的使用率，我们就会置之不理。"[47]

整合需要纪律支持，同时纪律也会给整合带来效率。无论是在行业统计数据还是在会员们的财务状况中，会员们看到了项目的价值。在金属建筑协会担任理事19年的迪克巴士（Dick Bus）与弗吉尼亚州费尔法克斯郡公立学校（在美国排第十一的大地区）一起参加了"大人物"会议，双方在会上就两个项目达成了合作意向。这是会费投资的收益吗？绝对是。对于社团来说，这也是战略整合带来的收益。

你的战略整合将会带来什么收益呢？

第八章 精益管理：
高效地协调人员和流程

> 你不需要总是想改进你做得很好的事情——那是工作。你需要做的就是去除那些阻碍你工作的不利因素，并及时处理那些棘手的问题。都需要你持续改进。
>
> ——布鲁斯·汉密尔顿[48]

竞争性的社团是无法承担效率低下所产生的后果的，它也不应该在工作上浪费时间和滥用资源。为了在未来取得成功，社团应该像精英运动员一样，一直保持最佳状态和最高效率。

当概述可持续竞争性优势的组成要素时，迈克尔·波特在《哈佛商业评论》[49]中写道："高效的流程和质量改进方法是竞争性组织的根本。"因此，运营效益不是差异所在，而是参与竞争的一个基本要素。

卓越运营这个术语可能在商界运用较多，社团界相对比较陌生。许多社团总是非常重视成员服务或价值主张以至于它们没有时间去评估运作效能。因此，将卓越运营战略引入非营利领域，将极大地促进社团的发展。

提到社团运作效能时，我们观察到四个现象。

1. 普遍对现行工作方法自我陶醉。他们使用多年来相同的方式主办会议，用过去相同的方法来运营委员会，理事会的功能几十年一成不变。社团很少会去系统地分析社团的流程、持续地确定提高产出或效率的机会。社团看起来很容易自我满足于"这是我们的传家宝（一直在用的办法）"的思考方式。

2. 社团中有很多的浪费。这些浪费包括：资源、时间、精力、人力资源和机会。其实，社团并没有刻意去铺张，这些浪费仅仅是传统方式的产物。直到今天，社团也鲜有因经济压力去提高效率和减少浪费的。竞争压力和资源的有限性让社团无法容忍将资源和努力分配给效率低下的项目、活动和业务。倒是不断增加的财政压力和持续减少的人力资源为社团运营效益带来了新的挑战。

3. 很少考虑有条理地降低运营成本。由于通货膨胀和其他原因，现阶段社团运营成本持续增加，社团通过提高会费来弥补居高不下的运营成本这一方式已经过时了。与偶尔的削减预算行为不同，社团通常认为降低运营成本是应对经济困难状况和财政窘迫的方式，但很少有社团会有意识地、自觉地削减它们的成本，削减预算和卓越运营二者有很大区别，削减预算是一种应对措施，而卓越运营是一种思考方式。

为了说明这种情况，你回想一下，在社团里你有多少次听到过管理人员或领导提及"这是我们最后一次提高会费"？哪怕会费仅仅有3美元的增幅，管理人员也会翻白眼或用各种各样的理由来说明通过提议有多么难。你又有多少次听到过员工或领导提出"我们应该减少运营成本"？社团更倾向于关注员工服务以及给员工提供价值，而不是卓越运营。实际上这二者可以互为补充，相辅相成。

4. 业务举措往往因为忽视而终结。社团管理人员通常很忙。大部分管理人员在忙于社团治理结构、年度日程和财务状况，几乎没有多余的时间去管理额外的项目。此外，社团管理人员需要贯彻领导的偏好型项目，或者落实维持会员或维护社团荣誉的"紧急"项目，而没有时间和精力去实施加强社团自身建设的项目。即使有时这类项目被提上日程，也通常因社团管理人员缺乏危机意识或因新的项目或服务的出现，而被搁置一旁。并且这类项目也无助于提升理事会对改善运营效益的兴趣和支持，其命运可想而知。

许多社团都存在业务烦冗且杂乱无序的问题，它们不注重业务遴选，也不优化整合资源。然而在现今竞争激烈的市场背景下，任何一个组织要想实现更好地发展，就必须保持活力，不断提高效率和生产率。简言之，未来的社团必须是精益型的。

提倡效率的历史

提高经营效率和生产效率不是最近才提出来的新概念。早在18世纪，本杰明·富兰克林（Benjamin Franklin）就在《穷人查理德年鉴》一书中，劝告殖民者避免不必要的成本和注意节约。在19世纪末20世纪初，"科学管理"的先驱——弗雷德里克·泰勒试图系统地分析工作和甄别机会，以通过计划和训练来提高生产效率。1913年，亨利·福特在工厂运用了流动装配生产线，使得生产效率得到了显著提高。丰田首席工程师泰奇·奥诺被认为是丰田生产系统的奠基者，因建立了丰田生产系统而闻名，这套系统使得消除浪费、改善流程提高绩效、引入零库存程序以控制库存的概念流行起来。全面质量管理理论之父，威廉·爱德华·戴明也非常注重持续改善流程和提高产出。

20世纪六七十年代，不断增加的全球竞争使得大家开始密切关注成本，具体方法包括测定产品的真实成本、确定减少成本的方法、分析竞争对手的成本、通过增加产量来降低固定成本等。当时的大环境被低成本的生产战略所支配。低成本生产战略的根本要素是"成本、顾客和竞争"[50]。社团没有参与这一降低成本运动，事实上它们反其道而行之。它们任由成本增长，并且只会通过提高价格（会费）来应对成本的增加。

因为竞争的存在，控制和减少成本必然成为社团的一个根本战略。可能此前社团对成本漠不关心，没有尽早地参与到降低成本的运动中来看起来难以理解，但实际上这一点很容易解释，因为在当时，会员组织不像企业竞争那么激烈，其竞争性的环境还没有到来。但是今天，他们的竞争性的环境已经来临了。

浪费与价值

精益制造或精益生产指的是用尽可能少的努力或工作来维持或提升价值的行为。精益的思考方式认为，任何不能创造价值的行为都是浪费。这种界定浪费的观点需要花时间去完全领会。在这种观点看来，任何消耗时间、资源或空间却不能给最终的产品、服务或活动增加价值的行为都应该被视为浪费。

什么是有价值的？

接受精益思维的第一步就是界定价值（你看到这本书的线索了吗？到目前为止，我们已经提出了聚集优势力量，集中资源和匹配这几个战略。社团的所有战略都旨在创建人力资源和财政资源以确定核心的会员价值定位，这不是一个平庸或"枯燥乏味"的价值定位，而是你的市场领域中所有会员"必须拥有"的、强大的价值定位）。对于社团管理人员来说，界定价值并非易事，领导阶层甚至会面临更多的挑战，因为这不是他们习以为常的"事情总是这么处理"的方式。

会员的价值往往是难以估计的，因为它是看不见、摸不着的。《创造竞争优势》的作者简妮·L. 史密斯（Jaynie L. Smith）认为："竞争优势是可复制的，很少有竞争性优势是独特的，并且通常它只会持续很短的时间，而不是一段时间。"[51]因此，竞争性优势可能是一个移动的目标（尽管它移动得很慢）。

当思考和界定会员价值的时候，可以参考一下萨拉·斯莱戴克（Sarah Sladek）在《旧式会员模式的终结——构建变革中的新时代社团》① 一书中

---

① 该书中文版已由中国科学技术出版社出版。

第八章　精益管理：高效地协调人员和流程

给我们的建议：

> 会员之所以加入你的社团，是因为他们相信你有能力帮助他们解决问题。当你成功地为会员解决问题，把他们组织成一个共同体，让他们感受到作为会员的益处，他们就会继续他们的会员资格。所以成功的会员利益准则是，帮助会员解决实际问题和联络情感是同等重要的。[52]

当你考虑价值界定时，下面这些内容会对你有所帮助：

价值是由会员决定的　价值不是由理事会，也不是由管理人员，更不是由委员会决定的。通常理事会和工作人员都想当然地认为他们知道会员价值是什么，但事实却相去甚远。简妮·史密斯把这种冒险假设称为"危险的差异"。在《创造竞争优势》一书中，她和我们分享了佛罗里达家庭护士协会的故事。佛罗里达家庭护士协会给生病在家的患者提供了健康护理服务，包括娴熟的护理和良好的治疗、病患教育、社区和社会服务。该协会管理者把协会的非营利性组织身份确定为竞争性优势。然而，对两个不同小组的顾客调查却得出了不同的结论。史密斯说："我们很快发现危险差异'露出了它丑恶的面孔'，在确定每个市场的哪些属性是最重要的时，员工错得离谱。如你所料，两个调查小组都把最不重要的属性——非营利性排在了第一位。"[53]在这个协会开始新的活动去宣传协会的竞争性优势而不是宣传协会的非营利性身份后，协会的收益迅速增加了40%，这一增速打破了公司纪录。这就是精准地界定价值的力量。

如果会员愿意用金钱或时间交换某物，那么某物就有价值　如果某件事情不值得会员花费时间或金钱，那么它就没有价值。比较有意思的是，人们把时间和金钱也都当作货币。我们怎样花费我们的时间和金钱？我们把它们花在什么地方？我们认为货币作为一种交换媒介，是价值等式中的一个关键要素。当会员不想再投入时间和金钱时，会产生价值真空——或者意识问题。

当会员减少时，社团应该自我反思：为什么之前的会员认为社团不再值得他们投入会费了。当年会出席率开始呈下降趋势时,社团应该反思为什么会员认为年会不值得他们付出会议注册费和利用工作或家庭之外的时间去参与。不仅仅是管理人员和志愿者,如果可能的话,整个社团都应该对会员减少、年会出席率下降进行认真的研究,探求这一问题的真正原因,以避免将应对措施建立在员工或志愿者的猜测和直觉反应的基础之上。

"一些价值"为社团制造了难题 想一想某个会议出席率已经持续降低了许多年,但仍有部分会员认为会议具有价值。当然了,只是被一小部分会员使用的项目也有价值。应该探讨一下,社团提供的每一件东西是否都或多或少地具有价值。给每件事情赋予部分价值,降低门槛以保留和维持价值不高的活动或服务,而不是只关注有最高价值的活动或服务,只不过是简单的政治权宜之计而已。

在今天的竞争性环境中,如果社团对价值确定是松散的、不规范的,那么社团就不可能有好的发展。现在的会员消息都很灵通,他们也对社团有较高的期望值,这些较高的期望值与社团只有部分价值的项目和服务很不相称。

社团必须严格地界定价值,必须为项目和服务设置更高的价值标准,必须对那些不能吸引会员的产品价值提出质疑,必须能有效地解决阻碍会员参加社团会议的各种不利因素。当会议的参与度很低或服务利用率很低时,我们经常听到员工和志愿者就会议和服务的价值进行自嘲:"参会会员认为会议非常棒,会议也得到了良好的评级,但出席会议的会员寥寥无几。"或者"公司对于社团提供的服务非常满意,但不幸的是,只有3%的会员公司利用社团提供的服务。"

评估价值需要社团有意识地思考下面这些阈值问题:"至少有多大比例的会员使用社团提供的某一项目,才能证明该项目具有价值,社团有必要继续提供这一项目吗?"如果只有5%的会员出席我们所认为的意义最重大的会议,这说明了什么?会议真的有我们相信它所拥有的价值吗?

当然,与阈值问题相关的问题是项目的成本和回报。虽然只有5%的会员在使用某项目,但这是一项可以独立生存并且有利可图的(而且社团所有的开销成本都依赖这一项目)项目,该怎么办呢?市场已经向我们明确无误地表明了这一项目的价值。因此，决策者对阈值问题的思考，必须结合经济效益来做出判断。

要想保持竞争力，社团必须停止找任何借口，如"如果非会员知道我们和政府关系很好，他们会因此选择加入我们的社团。"或"这是一个很好的项目，只是会员不了解情况罢了。"

价值变化 亚德里安·J. 斯莱沃斯基（Adrian J. Slywotzky）在《价值转移——竞争前的战略思考》一书中，提出了"价值转移"的概念[54]。从过时的商业模式向比较好的商业模式的价值转移能够满足顾客需求。通常技术进步是影响价值转移的一个因素。相对于汽车来说，马车已经过时了；相对于网上订票来说，旅行社票务代办也过时了。社团已经看到了互联网使得会议变成了全天候的社交媒体模式，出版物从纸质到数字模式，学习从课堂到远程在线模式，这些领域都发生了价值转移。当竞争对手在快速地接受并适应改变，而社团却后知后觉和决策缓慢时，社团就会在竞争中处于劣势。

确定价值的一种方法是利用消费者价值的六个属性。詹姆斯·沃麦克和丹尼尔·琼斯在他们的《精益解决方案——公司与顾客共创价值与财富》一书中定义了顾客价值的六个属性[55]。作者指出，以下六个方面的内容可以创造价值：

1. **完整的问题解决方案**。社团明确了会员面临的挑战或机会，也提出了完整的解决方案，排除了额外的资源需求。在前面的章节中我们讨论过的"配套服务"理念，在此是创造价值的一种方法。注意："完整的"解决措施需要消耗资源，你可能会捉襟见肘。特定的专业知识可能是／也可能不是现成的，社团也许需要花很长的时间去获取这些专业知识。

2. **有效的解决方案**。社团提供的业务可以是方便快捷的，既能满足会员的需要又不浪费会员的时间。例如，为专业人员设计的继续教育跟踪系统，可以为需要在规定时间里完成一定数量学时的专业人员提供帮助。社团利用这一系统持续跟踪会员的继续教育学时，于是会员们就知道自己的学习进度，以及按照规定，接下来他们还需要完成哪些课程。

3. **会员想要什么样的方案**。社团必须能够按照会员真正需要的方式给他们提供解决方案，而不是社团按照自己的方式提供。例如，社团已经有一个纸质版的通讯录，但会员们更希望社团提供电子版的通讯录，以便于他们能在智能手机上访问电子邮件地址。可是也有反其道而行之的，在我们了解的范围内，还真有一个协会将原先的电子版通讯录改为了纸质版的。现在将通讯录打印成纸质版的做法很可能已经过时了，因为纸质版的通讯录不能为会员搜索或点开链接去访问或发邮件提供便利。

4. 在哪儿需要。会员在哪儿需要价值？当今世界，移动技术已经迅速地蔓延到每一个角落，不要低估人们对移动设备的需求。据亚洲移动营销协会的调研，在地球上，移动设备比牙刷的普及率都高，全世界总共约有60亿人，其中拥有移动设备的人有48亿，而拥有牙刷的人却只有42亿。[56]

5. 什么时候需要。重点问题是，不是由社团决定项目和服务的实施时间，而是应该由会员什么时间需要来决定。对比一下传统的年度教育会议与个性化在线教育，尤其是在可频繁访问、24小时在线提问的能力方面，孰优孰劣不言而喻。

6. 简单化。不要把流程复杂化。在工作中，我们已经看到了一些非常复杂的会员服务和难以完成的会员资格申请程序。例如，在每月例会上，社团要求正式会员签名，同时对预备会员也会连续点名两次。如果在暑假之前的春季会议上点到了你的名字，那意味着在秋季会议上也会点到你的名字。会员的资格申请，通常会拖延六个月甚至更长时间才予以批准（这不是我们凭空杜撰的）！我们已经发现了有的三重组织（会员同时加入当地、州和国家级别的组织）或联邦组织，要求每一级别的会员使用不同的申请表，而不是使用统一的会员申请表。

既然我们已经对会员价值进行了深入研究，知道了会员价值是什么以及应该怎样创造会员价值，那么接下来就应该是如何实现精益操作。记住，精益运营的目的是提升运营效率，以便社团能够明智地利用资源去创造或增加会员价值。除此之外，任何对社团进行重构的理由都是错误的。

第九章　识别并消除浪费

没有什么比有效地做那些根本不需要做的事更徒劳无益了。

——彼得·德鲁克[57]

精益管理运动目前主要应用于制造业领域，因为它有很强的制造业导向性。究其原因，是因为有些精益工具和原则很难应用于服务型社团。非常有意思的是，"虽然它通常被认为是制造业领域的术语，但它的很多工具在服务业中也有较多运用。"[58]

精益方法被运用到多个领域，如呼叫中心、高等教育、软件开发，甚至连企业也采用了这一方法。而阐释此方法的著作——《精益创业——新创企业的成长思维》[埃里克·莱斯（Eric Ries）著]也由此而畅销，并登上《纽约时报》的畅销书榜单。[59]

在社团领域引入精益理念，能够有效地促进社团在某些层面的发展。只要持之以恒，它就会改变你对资源以及资源优化问题的思考方式。

七大浪费

"七种浪费资源的类型"是由丰田公司的首席工程师大野耐一（Taiichi

Ohno.)[60]提出的，这是制造业对资源浪费的分类方法。其基本理念是消除不能够增加价值的活动或资源。这只是一种思维方式，不是所有的内容都适用于社团。具体如下：

1. 过量生产

从本质上讲，过量生产就是商品供给超过了社会需求的情况，过量生产也会带来其他类型的浪费，如库存增加、等待耗时长和产品缺陷等问题。因此，过量生产被看作是最糟糕的资源浪费类型。

那些你去年没卖出去的书，或在仓库里堆着的图书就属于这种浪费类型。解决过量生产问题就需要运用"无库存生产方式"（JIT）流程。对社团而言，按需印刷就是运用"无库存生产方式"解决"库房全都是你的书刊"这一问题的合适方法。仔细跟踪计划，对比产品和服务的预期目标和真实需求，就能增加未来投放产品与订单的精准度。

2. 等待

只要事情/物品没有被处理或被移动，就是有可能在浪费时间。在制造业中，一个产品等待被处理的时间占其生命周期的比例很高（有些案例甚至高达99%）。社团中很多项目和服务都处于其生命周期的等待期——等待下一次委员会或工作小组会议，等待理事会的行动，或等待审查、论证或批准。想一想，你最近启动的项目或服务，它在等待通过审批程序上花了多长时间——它过了多久才正式贯彻实施？

3. 运输

在制造业中，一个产品或零件的运输过程不会增加其价值。对于社团来说，交通运输只占社团业务的很小一部分。例如，去参加一个会议或与会成员会面时，在交通（出租车、机场、飞行等）上花的时间实际上是一种浪费。真正能够增加价值的只有会议或者会见本身。从下榻的旅馆到会议中心也是如此，你的会员花在路上的时间就是一种浪费，只有大会才是真正有价值的。在进行实地考察时请将时间这一因素考虑在内，尤其当你的成员是自由职业者时，这一因素更为重要。在考虑是否要参加会议之前，就要斟酌请假所带来的收入减少和自己能在会议上起到多大作用的问题。当然，尽量不要浪费时间。

4. 动作

这种浪费类型指的是工人工效学中不必要的弯腰、搬运和走动。过多的动作不仅仅是一种浪费，它也会影响健康和安全，这听起来像是只在制造业才会出现的浪费类型。对于社团来说，收集库存分发给会员，往返存储区，或访问各种类型的硬盘文件（与在线存储相对的非在线存储）过程中，都存在这种类型的浪费现象。

5. 库存

制造业中，原材料、在制品以及没有被配送的成品都被认为是一种浪费。过量生产和等待的耗时造成了库存积压。对于社团来说，库存积压的种类繁多，从会员证书到等待被装运的卡片，到书籍，到待卖的学习工具，再到放在仓库中没有用的会员名录……各式各样，应有尽有。

我们对把社团储备当成某种程度的库存的观点持有不同意见。当然，储备至少意味着一个社团的财政资源没有转换为会员价值。从没有增值的资产就是浪费这一视角看，过于充足的储备就是浪费。

6. 过度加工

在产品加工过程中，做的比客户要求的还要多就是一种浪费。对于社团来说，我们司空见惯的就是，社团中的员工在一次次活动或会议服务中做那些被理事认为非常重要，但事后被证明会员们并不在意的工作。或是，当会员只想要快捷信息时，而员工却把更多的时间和精力浪费在编辑杂志的图片和格式上。

7. 缺陷

当产品质量存在缺陷被要求返工或直接扔到垃圾堆里时，浪费就发生了。认为理事会发回的修改意见或委员会的看法这类建议都是没有价值的，这就是社团典型的缺陷问题。其他情况还有，员工的提议考虑不周全，理事会要求返工重做；或教育研讨会只能达到10%的预期目标；或负责此次出版的人不靠谱，出版物不受欢迎等。社团中的关键问题是他们总是尽量维持，但几乎不放弃存在质量缺陷的任何产品或服务，让它们勉强维持，苟延残喘。于是社团的资源被分配给了没有价值的项目，或令人生厌的"有一些价值"的项目。

第八种浪费类型

随着精益思想的演变与发展超出了制造业领域，第八种浪费类型——人力资源的浪费——也逐渐暴露出来。爱德华兹·戴明写道："在美国最大的浪费就是没有做到人尽其才。"[61]

这第八种浪费类型在行业协会、专业社团和其他免税组织中最为常见。我们认为，最重要的就是要从以下四个原因出发，找出解决问题的方法。

第一，多数社团视人力资源为最重要的资源优势。人力资源通常包括志愿者领导层和员工。志愿者有着敏锐的洞察力与处于各自职业或行业前沿的专业知识。而员工可在管理能力、功能性技能和不断增长的专业或行业知识方面弥补其较之志愿者的不足。与充分利用人力资源的社团相比，浪费最宝贵的人力资源的社团（特别是服务型社团）发展态势每况愈下。

第二，社团与其他非营利性机构都是劳动密集型的。从美国社团管理者协会（ASAE）的《运营率报告》（第十四版），我们可以看到，员工工资和聘请相关人员的费用占社团平均运营成本的37.2%[62]。并且，理事会、委员会和工作组投入的相当可观的知识和时间，再加上志愿者参与游说活动、撰写文章、完善标准、筹备与展示教育项目等工作的大量投入，这些数量庞大的投入都是资源。然而由于工作不协调、忽视（或不设置）最后期限，目标设定、期望不明晰，或分工不明确，外界条件变化时沟通不及时等问题，导致我们浪费了上述资源中的很大一部分。

第三，由于很多社团规模很小，其人力资源尤显珍贵。有的社团只有一两个带薪员工，这样的社团非常依赖志愿者。在社团界，小型社团几乎承担不起任何人力资源的浪费，可不幸的是，现实中他们往往浪费了很多有限的人力资源。

第四，当今社会时间压力的增加，使得我们越来越难以找到可靠的志愿者。我们认为，会员从事志愿活动（志愿工作刚开始便结束）意愿下降的主要原因之一就是，他们不觉得从事志愿活动是在充分有效地利用时间，他们不想在志愿活动上浪费时间。于是他们不再注册，或在感到自己的时间与能力在活动中没有得到充分利用时就不再露面。之所以有一些会员拒绝担任领导角色，也是出于同样的理由。

认识和判断社团在人力资源方面的浪费是一件很简单的事情。它主要表现在以下三个方面：

- 非最优化：没有充分和有效利用人力资源的潜力。
- 利用不当：利用人力资源去做没有价值且不应做的，或应由员工而不是志愿者做的工作。
- 未利用：人力资源闲置。

事无巨细都要过问的理事会是人力资源管理中非最优化的典型。理事会通常由一群智商很高的人组成，他们都有高学历，几十年的工作经验，并且掌握罕见的专业技能和知识……然而他们却把时间花费在讨论应在哪个城市开会，通讯录应做成纸质版还是电子版，或哪一家媒体与社团的项目最契合等上面，这明显是对人力资源的公然浪费，它不仅没有让理事会的工作得到优化，而且也没有充分利用最有价值的员工——CEO 的时间与才华。

社团特别容易把人力资源分配到不需要优先完成的活动或项目中，经常支持一些边际程序或项目，或者仅仅是因为一个理事会成员的大力倡导而继续推进成为一小部分会员提供服务的活动，或因为认为这是"应该做的正确的事情"，再或因为"这就是社团应该做的事"。对类似活动的支持，恰恰是导致社团效率低下的一个主要原因。

另一方面，社团根本不会充分利用拥有潜能的人，这也会造成较差的情况。最近苏珊·凯恩（Susan Canes）的畅销书《安静——内向性格的竞争力》就是一个很好的例子。[63]书里的观点为内向的人不被充分任用，且被外向的人压制提供了例证。

美国社团管理者协会所著的《决定加入》[64]一书显示，理事会与委员会成员比一般会员更重视交流的重要性，这使我们容易得出外向的人更有可能当上社团领导这一意料之中的结论。那么内向的人呢？他们通常不会表现，于是被放置在宝贵人力资本的边缘。即便他们有幸进入理事会或委员会，他们的意见与观点也很有可能被外向的人的观点所淹没。

如果社团想深入挖掘和利用人力资源，他们就不得不采取非传统的方式来吸引志愿者。例如，较之于从那些参加会议和委员会的知名人士中挑选理事会成员，社团更需要运用外展的方法，甄别与聘用那些不是通过以上途径获得信息和学习的合格的、有才华的人。这就需要领导力发展委员会（而非提名委员会）来发挥作用了。我们都知道任用默默无闻的会员是很冒险的，但我们相信其未被开发的巨大的潜力可以弥补这些缺点。

其他方面的浪费还包括 CEO 在通知工作人员或日常琐碎的事项上花费的时间。CEO 和社团管理者在会议上提不出任何被认可的建议或不能完善有价值的建议，例如他们参加会议但不提任何建议，参加委员会会议但提不出任何建设性的建议。

冗　余

浪费的也体现在冗余系统中。冗余系统的典型代表就是在联合结构中构成社团或组件。许多全国性社团，特别是个人会员社团，都有相关联的地区，州或地方社团。联合社团和全国性社团的关系结构是不同的。有的在共享会员与综合会费方面与分会关系密切。有的是完全独立的，常常与分会竞争会员和非会费收入。但是他们都为同一个会员群体提供相似的服务。他们每一个分会都拥有相似的系统来提供基本相同的重要功能：财政、会费账单、会计、网站、数据库、社交媒体、会议和活动策划以及其他"后勤办公室"等功能。每一种功能都需要设备、软件、人力资源、办公地点、维修和其他方面的支持。这些重复性的系统不会增加价值，只会导致资源的浪费。

如果你正在设计一个有 50 个州级社团的全国性社团架构，你会用 50 个不同的数据库，50 个不同的会计制度，50 个不同的技术平台吗？你当然不会。你会考虑到操作的效率，去购买一个强大、高效的"服务共享"系统。当然，这其中会有成本与转换的权衡，但我们可以用 ASAE 运营率进行快速的数学运算。

根据美国社团管理者协会 2012 年出版的《基准社团管理：金融操作政策和程序（第 6 卷）》[65]可知，普通社团的日常开支占年平均支出的 12%，全国性社团的年平均费用支出为 800 万美元，也就是说他每年的日常开支为 9.6 万美元。我们相信通过使用"服务共享"系统，每个社团的日常开支会减少 50%。请记住，这不仅是指设备与系统，人员与间接费用也同样减少。假设每个州的社团年度开支可减少 4.8 万美元，那么 50 个州级分会，每年将节约 240 万美元，5 年总计 1200 万美元！

特别是对于国家级的三重社团和联合社团来说，合并计算日常开支，意味着社团能够有机会在增强顾客服务的同时促进机构精简和冗余消除。于是，全国性社团在提升各级社团水平的同时，也增加了州和地方社团的价值与相关性。

美国企业成长协会（ACG Global）通过在其 58 个分会中构建一套强大的应用服务系统来支持和减少负担，以解决冗余问题。这样他们就可以把精力、创造力和注意力集中于为 1.4 万多名会员提供交流机会。

为了减少造成分会系统严重浪费的大量的冗余功能，美国企业成长协会的全球总部提供了一系列行政、后勤和咨询服务，这一系列服务包括：

- 能定制分会门户的主网站；
- 分会可以修改的 APP 平台；
- 在线活动报名与支付系统；
- 会员数据库与广播邮件服务；
- 美国企业成长协会的会费收缴和发票开具，收缴的会费中的分会会费部分，每两周返还一次；
- 分会理事会和志愿者们由总部主理事及高级职员的政策以及一般责任政策管理；
- 协会章程和政策，与大型数据库的样本、形式和项目计划相一致；
- 为美国企业成长协会的全部 logo 和标识进行域名注册、商标注册，并制作视觉识别标准手册；
- 承担全职员工的工资和福利，减轻分会的行政负担；
- 在突发状况下，如分会的某些员工突然辞职时，为分会配置员工；
- 填写协会纳税申报文件（就美国分会而言）和各州分会的年度文件；
- 战略规划，会员发展，理事会换届和其他服务的免费咨询服务；
- 每年安排 5 万美元经费来支持分会的创新性项目研究，1.5 万美元作为分会员工专业水平提升的配套基金。

美国企业成长协会的做法为其他联合社团提供了很好的借鉴，这是一种双赢的理念：既减少了冗余和开支，又促进了当地活动的开展。重要的是，总部对志愿者的管理提供了行政支持。如果你还没有仔细考虑过将这一理念运用于你的社团，那么你现在该考虑一下了。

执行委员会 / 理事会冗余

另一种浪费是执行委员会和理事会的功能中固有的，它浪费了大量最为宝贵的人力资源——CEO 和志愿者领导。执行委员会经常在理事会会议的前一天开一次会前会，在会上审查项目日程；检查社团的财政、会员状况以及与会考勤数据；会前讨论会的议题；并把议案提交给第二天的理事会会议。

之后理事会审核社团的财政、会员状况，与会者的出勤率，讨论问题，并对执行委员会的决议（通常称为"建议"）做出回应（实际上用"批准"这个词更合适）。

理事会会议与执行委员会、CEO 的会前会有 90% 是重复的，会议中高达 90% 的部分都是理事们对会前会的决议或建议进行重复和附和，我们几乎看不到理事会坚决反对执行委员会的决议或建议。在下面的分析中，我们可以发现，这种重复性工作造成了大量的浪费。

美国社团管理者协会网站显示，2009 年行业协会和专业社团共有 90908 个，假设有 75% 的社团设立了执行委员会（虽然实际上这一数据可能会更高）。假设理事会的平均规模为 16 人，一年开三次会，一次开一天（参考 2010 年非营利社团理事会资源治理指数，平均每个理事会有 16 位成员）。[66] 那么理事和 CEO 平均每年在理事会会议室要待 408 小时。据我们估算，设立了执行委员会的 68181 个社团每年会在开会这件事上要浪费 2800 万小时！

精益型社团应牢记埃里克·莱斯（Eric Ries）的忠告："停止浪费人们的时间是最为重要的。"[67] 你的社团在哪些方面浪费了人力资源呢？

过程优化

以下四个步骤是消除浪费，最大限度地利用社团资源的关键。

1. 为现有会员明确价值之所在。要想明确会员价值，就需要内部分析、会员反馈，以及对长久以来的假设提出挑战，提出很多问题，接受会员的价值在过去几年里已经发生改变的事实。它需要诚实地回答以及学以致用的勇气。有时，它也需要帮助会员在不断变化的市场中找出最有价值的东西。

例如，平价医疗法案使得医学领域出现了重大变化。其中一个显著变化，就是医生越来越难脱离联合职业团体而生存。然而，大多数医学会的成立是为个体从业医生服务的。为了应对法案所带来的变化，医学会也在努力帮助会员寻找在此不确定的大环境下的生存之道。我们也在很多平价医疗法案的医学研讨会议上听到过"我们不知道这到底意味着什么"这句话。

然而，不舒服、不确定也许意味着机会。美国医学院协会的高级主管比尔·玛隆认为，正是由于医疗卫生环境的变化，才使得理事会和CEO从内部推动协会致力于协会的战略和创新发展，以及开始关注过程优化，以期协会能达到更高的地位来应对会员面对的挑战。他说："2010年的平价医疗法案对我们的会员产生了重大影响……这让我们意识到我们必须更好地定位以帮助会员来应对其面临的巨大挑战。这也意味着我们需要做一些新的事情。"为了启动新项目，理事会在2011年批准了500万美元作为战略投资基金。为了这一战略转变筹集资金，协会必须找到停止其他不能增加同等价值的项目的方法。这种创新对于确定价值和通过过程改进来找到创造和支持有价值项目的必要资源来说，是一个很好的范例。

2. **要明确从理念到项目、服务或活动实施的所有步骤都具有会员价值**。在精益生产的术语中，这被称为"价值流程图"。把产品生命周期中的所有步骤画成一个图表可以对你有所启发。项目流程往往比你想象得更复杂，比表面上看起来的步骤更多。我们经常会看到的一个场景就是，承担这一任务的团队，在任务开始之初，就立即对哪个步骤存在资源浪费和瓶颈达成了共识！

3. **去掉或完善不能在最终产品中增加价值的步骤**。绘制流程图的好处之一就是它总是能够发现一或两个可以减少浪费或改进流程的重要契机。沃马克和琼斯认为："事实上，在提供特定的、好的服务的时候，如果能够将人力劳动、时间、空间、工具以及库存量好好规划一下，就可以达到事半功倍的效果。"[68] 社团最初的实践很快便验证了这个方法是行之有效的，并进一步增进了精益思想价值。当工作人员或志愿者参与项目或活动中时，绘制流程图可以帮助他们有效地完成工作。

4. **通过不断地分析结果和评估过程来持续改进**。依靠志愿者运营的社团所面临的挑战是，志愿者的去留与工作的持续性问题。社团一般需要用很多年的时间来完全理解和吸收精益思想，进而将其融入社团管理中去。而志愿者可能只是刚"入门"就会离开社团，因此，即便是志愿者会选择留在社团，员工也必须能够掌握社团的精益思想。

让精益流程活起来

2008年，荷兰的两个社团，中央家居零售商行会和三运有限公司结盟，以提升荷兰时装零售商的利益。现在二者一起被称为CBW-MITEX，两个社团都面临着由于经济不景气所导致的会员流失的挑战，并且他们也都意识到了直到2020年，他们都会面对竞争激烈的大环境。

在结盟三年之后，社团进行了一次顾客和员工满意度调查，并雇用了一个有经验的顾问来帮忙进行流程改进。流程改进需要绘制价值流程图，尤其是与联盟的组织联络中心和杂志《细节》有关的工作。当一步一步仔细分析流程之后，就很容易发现是哪个环节出了问题，接下来就可以有针对性地采取措施。

作为努力成果，CBW-MITEX得到了有关会员联络数量和价值的流程图，建立了注册会员联络标准，优化了内部流程，提高了计划会员咨询业务顾问的效率。进而有效地减少了杂志出版过程中的浪费。CBW-MITEX的CEO詹·德克·宛德尔奇说："我们的交流部门绘制了杂志出版过程的价值流程图，我们被8米多长的浪费列表震惊了。"社团现在意识到他们曾一度忽略了价值不容小视的大量的内部信息。他们现在知道，他们正坐在所谓的"金山"上——可随时提高工作效率的数据，是精益型流程帮助他们发现了这座"金山"。这对于同样是内部低效和拥有"金山"的社团而言，一样适用！

尽管美国医学院协会（AAMC）于2010年开始了向卓越流程管理的战略转变，旨在帮助协会找到推出新项目的财政资源，协会也聘请了一位全职的优秀流程主管来负责这一转变。例如，CBX-Mitex，美国医学院协会很容易就找到了改善杂志出版流程的方法。该协会负责人比尔·玛隆指出："我们室外杂志的出版效率很低。我们让新员工与我们的出版主任、室内设

迈向成功——建设竞争性社团的五大策略

计师、杂志社员工一起工作，以求减少工作流程，达到工作期望，这其中也包括我们的作者和论题专家（在现实中，作者经常遭遇瓶颈）。现在，我们正在建立一套指标来衡量我们是否达到目标。"而会员管理属于另一个领域的问题，在那个领域中，我们已经有更确定和更好的指标去衡量它。

意识到并充分理解持续改进的理念代表了社团的一个新领域，这个领域的好多内容是刚刚被发掘出来的。它可以带来很多好处：降低成本，提高效率，缩短转变周期，降低员工和会员的挫败感，最重要的也许就是增加价值了。随着竞争环境越来越激烈，谁不想在这些领域取得卓越成就呢？

CEO 的角色定位

理事会必须理解并支持精益管理思想。我们之前已经提到过，要想对什么是有价值的这个问题达成共识是不容易的。在社团中，理事会成员的意见很强势，即便他们的意见显然是错的，员工也可能不愿与他们意见相左。结果就是，理事会出于好意而提出的错误想法和方向，给社团造成了大量浪费。这就是我们在《突破传统——社团的五项根本性变革》一书中建议改进理事会组成结构和给 CEO（首席执行官）授权的原因。按照正确方式组合的理事会可以让很多敏感问题很容易处理。据我们所知，有一位 CEO 通过发起一项未告知理事会的精益活动解决了这个问题。结果是目录册中的项目变少了，营利能力增加了——甚至没有一位理事会成员注意到它！虽然我们不提倡做理事会准许范围外的事，但我们也可以理解，有时采取类似措施是把事情做好的唯一方法。我们认为理事会应该信任员工的工作，不应对他们的具体工作指手画脚。

CEO 的角色非常重要，他／她需要和领导层相互支持，处理与精益型战略相矛盾的工作。他／她应该为员工奠定工作基调，给他们配备必要的工具，并且参与到过程中去，庆祝他们的成功，保持改变员工思考价值与流程的思维方式的势头。在项目或服务的实施过程中，CEO 应该充当"啦啦队"

队长的角色，鼓励员工为实现既定目标坚持到底。

阻碍 CEO 和员工流程优化的障碍之一就是工作负荷，一个每天的日常工作都几乎难以完成的人，是很难有精力去改进流程的。具有讽刺意味的是，员工总是忙于做不会增加价值的工作项目，以至于他们无法仔细地审查当前工作流程以提高效率或生产率。社团已经开始聘用在诸如精益、六标准差、CQI（持续质量改进）或 ISO 9000 等方面有着丰富经验和技能的顾问或员工，来进行流程改进创新以应对挑战。我们前面已经提到过，美国医学院协会最近聘请了一位全职员工，主要负责流程改进。比尔·玛隆说："我们的流程优化主管约翰·库布里克正在帮助每个人消除会把他们逼疯的障碍……大家都很忙，没有必要都去寻找把事情做得更好的方法。约翰恰好掌握能够简化工作流程的方法、技能和工具，最终他能够把社团里的每个人都从烦琐的事务中解放出来，让他们去做真正想做的事。"

随着该协会在过去两年的流程优化——包括下架不必要的软件产品，紧缩员工差旅费用，使用网络打印机替代私人打印机等这类企业技术解决方案的运用等，玛隆估计社团每年在"硬件成本"方面就可以节省 2.5 万美元，随着时间的推移，所节省的数额也会越来越大。"我们还处于流程优化的初期——还有很多事情要做。我们会在接下来的两年时间里继续推行修订后的战略重点——包括将流程优化纳入社团文化这一目标。"

理事会的角色定位

理事会必须理解关注价值与消除浪费的基本理念。这对于一些社团来说可能很难，但对于其他社团却很容易。例如，某一位制造业行业社团理事会的理事也许可以完全理解，而其他理事可能是间接接触这一理念的，理解起来就没那么容易。最近，一位社团高管说他的妻子是一名护士，她所在的医院就在近期采用了精益方法，医院成功地将两台手术之间的转换时间从原先的 1 个小时缩短为 20 分钟。

起初，理事会必须就持续改进的理念接受教育，其中最好的策略就是运用与他们工作或工作领域相近的案例，让他们参与价值流程图的简化练习，例如从任命，到会议，以及总结报告都要画出工作流程图，可以有效地开展工作。找出阻碍工作会流程优化的瓶颈在哪呢？是委员会成员无所事事，坐等额外的信息或审批？还是委员会成员未能充分地利用时间来提出有效的建议呢（如果一项建议没有被批准通过，就相当于他们把时间都浪费掉了）？

不能忘记的是，新的理事会成员在其入职培训的过程中应该掌握精益理念和流程。请尽可能明确你的努力并确保它能够被理解以及在未来得到支持。

价值流资源

附录 A 已经向您提供了对价值流程图和持续改进工作有用的参考资料。

我们还建议您找一些有关精益流程的文章或关于您特定专业、行业或职业的杂志来看。借鉴一下和您共同的领域中的其他人对这些理念的运用，您所找到的案例与您的工作越接近，这些案例的借鉴意义就越大。

为了进一步提升竞争力，社团必须掌握和运用精益方法，通过将资源集中于重要的活动，同时终止对价值和努力没有贡献的项目，最大限度地提高生产力。因为低效率在浪费社团宝贵资源的同时，也降低了社团的竞争力。精益思想还包括对"这是我们一贯的做事方式"的态度的艰难转变。在评估项目和活动价值时，社团必须提高标准，系统地分析价值流程，不断寻找改进和减少浪费的可能，明确任何不能增加会员价值或不能提高运营效率的业务就是浪费。最后，精益思想可以帮助社团找到提升价值的资源，开设新项目或服务，或推动一项缺乏足够资源支撑的活动的开展。在新常态背景下，这些益处能有效地激励社团的员工和志愿者，促使他们积极主动地采用精益流程这一运营手段。

第九章案例研究　精益方法

社　　　　团：美国语言与听力协会（ASHA）
预　　　　算：5000万美元
工作人员数量：260人
会　员　数　量：150241人

美国语言与听力协会的会员和子公司每年要支付会费和认证费，并且提供证据，以证明被录用人员的当前认证状态。由于美国语言与听力协会的会员卡是很多雇主所要求的黄金标准，经常有会员询问，他们是否可以在续费和支付会费后更快地收到他们的会员卡。

解决方法是什么？那就是灵活运用精益方法。这一过程始于为期三天的精益促进大会。它的目标为：

- 以精益原则为基础培训付费会员；
- 增强部门之间的沟通与了解；
- 为会费续费过程中的问题提供解决方案；
- 加快从支付到发卡的流程，通过提升行动效率为会员提供更好的服务。

该协会绘制了一份当前状态图（也称作价值流程图），在图上列出了流程中的每个任务，并且为每项任务标识出具体步骤与等待的时间。流程图非常清晰地显示了会员未及时收到卡片的问题所在。由于存在一些障碍，一些成员等了一个多月才收到标识卡。具体原因如下：

- 会员卡类别的改变；
- 旧式卡需要外包印刷，这是造成拖延时间的原因；
- 第三方支付；
- 支付流程中人手不足。

一旦明确了问题所在，协会就列出了导致这些问题的根本原因清单，这一清单有助于提升参与者对问题的敏感度。清单包括：

- 可能怎样……
- 如何……
- 以何种方式可能……
- 什么可能成为……

在确定问题的过程中，员工发现向会员解释更新过程可解决一定数量的问题。他们也发现重新设计会员卡，使会员卡可以使用高容量打印机打印，可以有效减少延迟时间（你会发现，复杂的问题可以用简单的方法解决，这就是精益运营）。

随着问题以及可能性解决方法的确定，员工制定了行动实施计划，包括以下内容：

- 鼓励会员在线更新续费，这是他们收到会员卡的最快方式；
- 更新常见问题并清楚地注明第三方支付程序；
- 制定一份用于处理银行加密支付过程的通用且详细的步骤指令列表；
- 设计一款可以使用高容量打印机打印的新会员卡；
- 每周打印并邮寄会员卡两次。

采用精益型流程之后，社团的员工足不出户就可以完成会员卡的制作和邮寄。一般情况下，在收款后的1~2天，新的会员卡就会被寄出。采用精益流程的第一年，在线会员比2008年增长了50%，目前美国语言与听力协会采用在线方式更新的会员每年超过10万名（约占会员总数的三分之二）。精益流程也降低了协会的运营成本，该协会以前每年要支付2.6万美元给会员卡供应商，现在他们花费2.5万美元购买了用于制作会员卡的折页/插入机，而购买这一设备对于过去3年成本的节约意义重大。其他部门也在使用这个设备，这为协会节省了额外的开支。美国语言与听力协会也发现了许多协会所发现的经验：某一领域中的成本节约和效率提高会产生效应，进而带动其他领域的改善。

第十章　有意放弃

> 领导的艺术在于说"不",而不在于说"是"。相对于说"不"而言,说"是"要容易得多。
>
> ——托尼·布莱尔[69]

我们之所以把"有意放弃"这个最难的战略观念放在最后,是因为它很难做到,它违背了通过增加而非减少项目和服务,来增加会员价值这一"自然"发展趋势。

我们在前面已经提到,竞争环境下,社团如果不依靠自身优势力量,是不可能脱颖而出的。社团如果把精力集中在核心项目与服务上,就意味着必须要淘汰边缘性项目和服务,如果选择匹配的项目,就意味着要淘汰不匹配的项目。那些不能增加有意义的价值的活动与福利就是浪费,必须将它们淘汰。

在前面的章节中我们已经提到,社团中每个人都想添加一个新服务,引入一个新项目,启动一项新福利。但是几乎没有一个理事会、委员会、个人或团队,想要削减服务或活动……每个人都想增加服务或活动,却没有人想减少。据我们所知,如果有人想要削减项目或服务,那么他在社团理事会职位上是做不长久的。几乎没有一个社团的首席执行官,是因为承诺去削减项目和服务而获取这一职位的。削减项目和服务,是违背常理的,因此很难做到，同时这也是它难以对付的原因。

在零售业市场中，有一种被称为"过度混杂"的库存状况。这种状况下，商店尽力提供尽可能多的商品，几乎涵盖了所有的类型、大小、款式、颜色和版本，结果造成了非常混乱的状况。商品种类繁多，会让找东西变得又难又烦，顾客不知所措，无从下手（请试想一下，你上次在药店找一种特定的感冒药或在超市的麦片货架上寻找孩子最喜欢的品牌时的情景）。这很可能会造成这样的状况：一方面有需求的产品已脱销；而另一方面没人想要的产品在仓库里堆积如山。

零售商们已经认识到试图提供尽可能多的产品有很大的问题，并开始推行SKU削减计划（SKU是"库存单位"，一个独特的项目或产品。目前超市已经有2万多个SKU）。每年都会有数以百计的新产品或"新升级和改进的"的物品上市。零售商知道他们必须要严格地清理边缘性产品，否则库存就会失控，随之也会导致顾客因不知所措而流失。

社团倾向于继续增加项目和服务，而缺乏一个关键性程序去终止那些失去吸引力、从没有达到预期结果、持续要求越来越多的补贴、没有竞争力的项目和服务等。

保留所有项目的原因

了解为什么志愿者与员工不愿意终止那些项目或活动，这对于我们之后的工作会有所帮助。以下内容是我们了解到的：

- 还有一些会员在使用这项服务，这项服务对会员来说还是有一定价值的，这也是这些会员继续留在社团之内的原因。我们为什么不保留它呢？
- 这个项目的提供并不需要多少资源，继续保留项目有什么坏处呢（在第四章我们列举的例子中，你已经看到了提供项目的实际花费）？
- 在开发和推行这项服务时，我们投入了大量的资金。这项服务花费了这么多资金，我们真的要取消吗？
- 经过激烈的争论，我们才说服其他同事，冒着风险去推行新的项目。如果放弃了这个项目，岂不是自己在打自己的脸？这个项目岂不被认为是重大的失败吗？
- 为了推行这项新服务，志愿者们已经花费了很多时间和精力。如果现在要终止这项服务，我们该怎样告诉志愿者们，他们的努力都白费了呢？
- 如果我们削减项目和服务，会不会显得我们为会员做得更少了呢？会不会显得虽然会员缴纳跟过去数额相同的会费，但能够享用的项目和服务却少了呢？

必要时放弃某些项目或活动：创新的关键

不论你相信与否，必要时放弃某些项目或活动在创新中起着至关重要的作用。我们在前面已经提到过，产生创意/有创造力与真正的创新有很大区别。只有当一项服务、一个活动或一种产品在市场上被接受和重视时，创新才会发生。开展一项有价值的会员服务并被市场认可，可不是一项简单的事，它需要时间、专业知识、财政投入和市场支持——不仅在开展服务的过程中需要资源，而且在维持服务的过程中也需要资源。

随着会员对会费审查的加强以及空前激烈的市场竞争，几乎没有社团拥有闲置的资源来支持一项新业务。在创新过程中有一个基本的问题："要想实现创新，我们应该从哪里获取资源呢？"大多数情况下，资源就在眼前（这是一个好消息），可问题是，虽然资源是现成的，但目前它们已被分配给了其他服务或活动（坏消息）。要想获得创新所需要的资源，你必须得从现有项目的资源分得一杯羹。

必要时放弃某些活动不仅仅是淘汰过时的活动，它还有个更重要的作用：那就是为创新和未来的成功提供关键资源。它可以把淘汰的过时活动的资源汇集起来，然后把这些资源重新分配给未来能增值的服务。

放弃某些项目或活动：技术挑战的关键

大多数社团面临的挑战，都往往是处在一个复杂的、变化快且难以驾驭的技术领域。我们坚信，大多数通往成功之路都要运用我们前面提到过的"信息高速公路"。不幸的是，信息高速公路变化很快，而社团通常在决策和行动时非常审慎，反应迟钝。但社团在技术上面临的最大的挑战可能还是资源问题。即：我们要去哪儿寻找资金来维护和升级系统呢？我们要从哪儿获取时间和精力来研究和开发新技术呢？工作人员开发和支持技术创新的动力将从何而来呢？

由于大多数社团都要应对资源性约束、会费审查、不断增加的日常开支等一系列问题，因此很难有闲置资金来支持技术创新。如前所述，我们确信社团的技术方面的支出（为了给组织提供技术支持，把一定比例的年度收入用于技术人员和技术系统）在未来几年会大幅增加。目前，社团的技术开支占年度收入的比例大约是4%，在不久的将来这一比例可能会增长3倍。

那么，增加的这一部分技术开支从哪里获取呢？你必须把其他的服务、活动和项目的资金均出一部分来，用于技术发展。但要做到这点，你需要有令人信服的理由，来说明如果把资金投入技术领域，社团的技术会发展成什么样，并且将会给社团带来什么样的好处。

想象一下，如果一个社团有最先进的网站（这个网站短期内不需要升级），并且网站整合了社团的数据库、在线研讨会以及社交媒体网站，会员可以通过网页导航轻松地获得想要的答案和解决方案……这将是一个功能非常强大的网站，对吧？

如果一个社团真的拥有社交媒体网站（不是仅仅是在使用脸书开展业务），社团雇佣专人负责信息发布、促进对话互动和主题内容开发，或者将这一部分业务单独外包。那么，这个社团就能把社交媒体与自身的会议、活动有效地整合起来。

如果一个社团拥有数据库或客户关系管理系统，这个系统就可以记录会员的在线活动，了解会员的偏好，衡量会员的参与，轻而易举地了解会员所关注的交流和信息。由此，社团就可以在员工或兼职的独立承包商不断地更新会员数据的基础上，定期获取会员的潜在需求信息。

如果一个社团有能力不只是被动地接受技术，而是去探索新兴技术，社团有足够的人力资本去追踪和研究技术前沿，有专门的员工或时间充裕的独立承包商进行新技术应用测试和尝试运用还处在研发初期阶段的新兴技术。回想一下，如果一个社团富有远见且资金充足，在2004年（脸书推出的那一年）就安排了全职员工来专门负责社交媒体工作，那么，这个社团现在将会取得多么巨大的成就啊！

为你的社团绘制一幅未来技术平台的蓝图，扼要地阐明它大概需要花费多少财力与人力资源，然后提议放弃那些不能增加可比较价值、在未来的环境中不可行或与社团的核心优势不相匹配的项目、服务或计划。这种"有意识的放弃"——而非为放弃而放弃，必将大大增加你获取技术领域需要的资源的成功率，这对成功是至关重要的。

社团可以向乔布斯学到什么

史蒂夫·乔布斯是一位懂得放弃的重要性的高管，贯穿他整个职业生涯的口头禅便是"专注"。20世纪70年代末，他和斯蒂夫·沃兹尼亚克、迈克·马克库拉一起开创了一套苹果营销哲学。乔布斯的官方传记作家，沃尔特·艾萨克森说：苹果营销哲学的第二点是"要想成功，苹果公司应该集中精力去实现其主要目标，摒弃所有'不重要的机会'"。[70]

在乔布斯离开的12年（1985—1997）中，苹果公司经历了产品扩张时期。公司将业务扩展到打印机和服务器领域，它的产品线一下就扩张到几十条，例如苹果电脑（Macintosh）就是这一时期的产品。

乔布斯回归苹果公司后，对生产线进行了综合审查。有确切的文件显示，他很快就直接砍掉了苹果公司70%的产品线。乔布斯认为苹果公司只需专心生产四种产品：专业的台式机、专业的便携式计算机、消费者台式机（后发展成为 iMac）和消费者便携式计算机。[71]

乔布斯大规模地削减臃肿的产品线，并且明确公司只需专心生产四种产品这一策略，拯救了苹果公司，使它脱离了破产的风险。现在看来，这似乎不可思议，但在1997年，很多人都认为苹果公司已经无法挽救了。乔布斯的策略不仅拯救了即将破产的苹果公司，还推动其完成了从1997年亏损10.4亿美元到1998年营利3.09亿美元的转变。乔布斯的"简化苹果生产线"这一战略取得了骄人的成绩！

社团高管特别感兴趣的可能是，苹果公司的理事会一开始并不支持乔布斯的激进战略。艾萨克森说："起初理事会并不同意这个战略，他们告诉乔布斯这种做法风险太大了。乔布斯回答说：'我肯定能做成'。理事会从未对新战略进行投票表决。即使这样，乔布斯还是继续负责并积极推行这项战略。"[72] 一个被授权的社团首席执行官有时也需要像乔布斯这样做（然而，我们当然还是建议首席执行官最好能够获得理事会的认可）。类似的社团高管和理事会可以借鉴乔布斯的这个战略。苹果公司的理事会是由那些大权在握的高管组成的，然而他们不理解公司集中于特定产品能产生巨大的能量，他们也不理解公司需要删减过度膨胀的产品线。甲骨文公司（Oracle）、国际商业机器公司（IBM）、财捷集团（Intuit）、克莱斯勒公司（Chrysler）、杜邦公司（DuPont），由首席执行官和前任首席执行官组成的理事会，都没有认识到过度扩张的、复杂的、混乱的产品线会削弱公司的竞争力。

试想一下，如果理事会不是由这些行业巨头组成，而是由志愿者（并没有冒犯志愿者的意思）组成，这种可能性有多大呢？尤其是在专业社团中，许多员工都认为他们的理事会成员缺乏敏锐的商业头脑。要点：社团的首席执行官必须主张放弃某些项目或活动，因为首席执行官最清楚放弃某些项目或活动的潜力。理事会可能会安于现状，并且可能会被虚假的安全网络蒙蔽，即使社团绩效不佳，也会提供大量的福利。首席执行官已经做好准备去面对和管理相关的风险；而理事会更偏向于安稳的环境并安于现状。首席执行官要认真负责，锐意进取。聪明的理事会会理解并支持首席执行官放弃某些项目或活动。

怎样放弃某些项目或活动

我们在前面已经提到过，放弃一个项目、服务或活动对社团来说是个很大的挑战，并且是难以应对的，甚至是令人生畏的，可能对你来说也是非常不利的挑战。所以你应该如何放弃过时的项目来实现未来的目标呢？

不要轻视这些挑战

作为首席执行官，如果你认为这些挑战是小菜一碟，那么你最好斟酌一下，预测一下你可能面临的阻碍。你可以首先回顾一下我们在这一章前面所列举的，会员对于削减项目的建议做出的六种常见的回应。然后以你所熟知的理事会或有影响力的会员的观点为基础，增加一些自己的想法，以确保形势对你有利，一切尽在掌握之中。尤其重要的是，要保证能够获得绝对优势数量的支持，来确保提议被通过。

不要单枪匹马去做

组建一个团队来帮你提出建议是至关重要的。首先，你要确保这个团队的组员有相当领悟能力并能够从容应对社团的政治漩涡。要想打造这么一个团队，组员至少应该包括高级职员和执行委员会成员，并且必须给他们提供数据和说服别人所需的谈话要点。如果执行委员会不认同你的战略，你可以等他们认同你的战略之后再采取行动，或者你也可以选择只是告知他们项目的进度，哪怕他们不支持，也继续推行你的战略。你要明白，确保社团高效运营和资源效用最大化，是首席执行官的责任之一。

利用有利时机提议放弃某些项目或服务

以确定社团的重大机遇为契机：一个新的或明显改善的服务，一项有巨大潜力的提议，一个能让每个成员立即同意的事项，都能够让社团朝着正确的方向发展或者对会员产生重大影响。一旦你拥有了明确这种任务或增加价值的有利机会，随之就必须确定实现目标所需的资源。

只要你完成了以上三步（只有完成之后），你就可以要求理事会或员工放弃现有的那些不能像新的项目或服务带来巨大明确收益的项目或活动。这就像是一个蹒跚学步的孩子手里拿了一件锋利的或危险的物品。如果你让他把这个危险品给你，他会说什么？绝对是"不！"但如果你手里拿了一个闪亮的、新的、有趣的物品，在他面前晃，问他喜不喜欢，他就会为了这个引人注目的新物品，而把危险的东西扔掉。我们并不是说理事会像蹒跚学步的孩子，我们只是想说明，如果你能够确保提供更好的项目或活动，那么理事会就更容易放弃那些绩效不佳的项目或活动。

我们最近和一个专业社团一起合作，这个专业社团每年都要举办一个几乎没有多大竞争力的年会。在同类竞争性会议中，它的年会排在第三或第四的样子，他亏损了很多钱。许多人都想找到确定年会的意义和地位的正确方法，但都是以失败而告终。这个年会已经传承 25 年了，有着强大的历史背景，没有人愿意把它废止。直到战略规划会议确定了两个重大发展机遇：社团技术平台的重大改进和重构分会的结构来振兴社团，这一状况才得以改变。两个项目都需要资源，但社团却无法筹集这两个项目所需要的资源。这时所有的目光都集中到了年会以及它所消耗的大量时间和费用上。投票的结果，毫无疑问人们一致同意终止年会，并将资源转移到技术改进和分会重构上来。如果社团没有承诺发展新技术和振兴分会，那么这个没有竞争力的、浪费了大量资源的年会仍将继续存在。

数据支持

事实胜于雄辩，尤其是当人们对你想让他们放弃的物品有着深厚感情时，用数据说话会比较有说服力。因为即使有些服务没有达到预期效果，会员对这些服务也有相当的情感投入，这也是需要你应对的情况。如某些项目自从实施以来，就一直得到社团的支持，会员对于这些项目有着深厚的文化情结（如果你终止了这个项目，创始人会怎么说呢？）。此外，你还必须应对违背理性分析的传统因素。当你想要说服他们推行新的项目或活动时，你可以运用以下几种数据进行分析。

成本　太多情况下，社团并不知道支持一项服务或维持一个活动需要投入多少成本（不要难过，大多数企业也因不知道真实成本而声名狼藉）。通常情况下大多数社团只知道直接成本（例如，会议的直接成本包括酒店客房、会议室、餐饮、茶歇等的花费），但是这种计算方式忽略了人员成本和间接成本。这种对成本的有限估算会导致社团产生错觉，误以为活动或服务能够盈利。同时，也会让社团低估一项活动或服务所需的资源的真正数量。因此，在进行成本核算时，你要确定与项目或活动相关的所有成本都涵盖在内了。有时候，你可以仅仅通过精确地计算项目真正所需的资源，来让你的观点更具有说服力。计算一些活动（如代表大会或立法活动）的成本，当把所有的直接成本、人员成本和间接成本都计算在内时，最终结果会令人相当震惊。

面对几乎不产生价值（或更糟，一个没有实际价值的无效投资）却要花费15万美元的会议时，员工和领导必须回答这一难题："知道了此类事件的真实成本，这就是社团在充分利用我们有限资源的方式吗？"

我们曾接触过一个大型专业社团，他们对召开代表大会的所有相关成本做了综合分析。其中会议所耗费的员工时间数量是惊人的，但从来没有人考虑过员工的时间成本。员工在为会议做准备时，需要花费成百上千个小时来完成报告，撰写提议，联络各委员会和代表……汇总的结果是，会议的总成本高达110万美元！而实际上会议对组织和行业的最大贡献值，远远低于会议所花费的总成本。

另一个组织开始统计参加代表大会代表的"请假成本"，其代表大会的所有代表都是自由职业者。请假成本是指，当会员参与社团业务活动时所丧失的收益。尽管请假成本不是实际的支出，但对会员来说这也是个有启发性的数字。估算每个会员每小时的平均收入，然后乘以他们每年花在代表大会（或理事会会议）中的平均时间，你就可以为会员（不论他是否为自由职业者）确定请假成本（如果愿意，你也可以用出行时间这一要素）。然后乘以代表（或理事会成员）的数量，得到的便是你管理的机会成本。这个结果再次让人震惊——这恰恰也是社团变革的动力。

参与　每个社团会员在使用项目或服务时的参与度都各不相同。简单地收集一下会员出席教育研讨会、参与保险项目或使用折扣产品方面的趋势信息，对社团都具有启发性意义。通过快速统计会员参与度，我们就可以发现对于服务的价值或活动的相关性赞成或质疑的会员比例。理事会和员工应该在维持一项服务或活动所需要的最低水平的会员使用率方面达成共识。一般情况下，一个项目或服务难道不应该有能力吸引 5% 甚至 10% 的会员吗？如果一个服务这么有价值，活动这么重要，难道它不应该有能力吸引一定数量的会员吗？当然，特殊情况例外。

如果社团提供的服务只有一小部分会员使用，那么这个服务能有多大意义呢？请注意：尽管我们建议你使用数据，但当你把自己的团队与其他团队比较时，要仔细一些。对于一个小型的、利润前景可观的社团来说，吸引 30% 的成员来参加年度会议是很常见的，但对于大型的、国际性的社团来说，要想做到这一点却不现实。对其他社团很有价值的信息，可能对于你的社团来说只是历史数据。要当心会员参与度降低的趋势，因为这一指标对社团具有警示意义。此外，评估活动时，既要考虑数量又要考虑目标。如果这两个要素都能实现，那么相比而言，参与人数的多少就没那么重要了。

竞争　只是简单地说"在那里存在很多竞争"是不够的。利用本书前面所提供的竞争分析矩阵，可以帮你解决你正在面对的问题；列出所有继续教育的供应商以及他们全年的课程名单；列出所有抢占你的市场的保险经纪人和代理人名单；列出所有和你争夺会员市场的出版物、时事通讯和博客名单；还有，不要忘记所有的顾问和供应商为扩大市场份额所进行的努力推广，这是几乎所有职业与行业日益增长的竞争来源。

我们要提出关于竞争的问题是：既然会员有很多途径可以获得这项服务，那我们为什么还要提供它呢？是什么让我们的项目或服务独一无二呢？我们所提供的项目或服务只是为了说明"我也能"，此外几乎没什么真正价值吗？如果我们终止或出售该服务（假设会有人购买此服务），结果会怎么样呢？

达成共识放弃一些大而不当的项目

不要陷入"对边缘性活动吹毛求疵"的困境中。放弃次要的边缘性活动是很重要的，因为它们所耗费的资源总量比多数人所认为的还要多得多。当社团有勇气放弃一项重大项目或服务时，原先用于这一项目或服务的资源也随之释放出来，社团可以利用这些资源为新的机遇和创新活动投资，以获得更大的收益。

大多数社团都有一个他们自认其提供服务或活动的主领域，而事实可能是，如果他们完全退出这一领域，会让社团有更好的发展。然而，许多社团都坚持不抛弃、不放弃，不允许员工考虑退出某个领域的可能性。于是社团采取了为放弃过程设定目标的方法来设置障碍。刚开始，同意把一些大型项目提上淘汰的议程，并且准备免除一名员工的主要职责或削减重要的预算分配（预算的10%~20%）。这种做法为动作过大或过小设置了门槛，以确保不会出现大的失误。事实上，要想在新常态下运营，你必须态度坚决，"要么大刀阔斧，要么无所作为"，而不能瞻前顾后，畏首畏尾。

例如，一个州的行业协会正在努力提高自身能力，它想要整合推行跨多个产品和服务的生产线。由于立法和监管活动的急剧增多，协会意识到这是增加政府宣传的重要机会。从外部看，很明显如果他们放弃全部的教育项目，将会腾出大量的资源，会员也不存在风险，因为只有不到15%的会员在使用协会提供的教育产品。目前协会的教育项目处于亏损状态，需要用会费收入弥补亏空。全国性协会提供的会议和在线研讨会，与州协会提供的类似，并且会员也可以从当地协会获得与州协会提供的类似的课程。

在这个案例中，放弃教育项目，可以让协会的8个岗位中的1.5个岗位重新分配，并且可以节约研讨会和会议的直接成本。但由于协会从不收集数据或综合分析各种情况，也没有人用数据和事实做出一个引起大家关注的分析证明，于是传统因素很轻易地打败了战略思想——提供教育项目是一个协会应该做的事情，会员对它寄予厚望。于是协会继续提供教育产品。同时，由于行业中立法与监管的急剧增多，使得会员公司的市场限制和合规成本增多。本来协会可以节省分配给不必要的教育项目的资源，同时增添一些游说者（使得协会的游说者增加到政府工作人员的两倍），但是由于受传统因素以及一些偏爱其他项目的在职员工的影响下，改变现状变得异常艰难。

与之形成对比的是专业筹款人协会（AFP）纽约分会。这个分会只有不到1000个会员，在科伦公司开始掌管分会并关注其运营时，分会处于下滑态势。尽管投入巨大的努力，但分会所有的标志性重大活动，如"纽约筹款日"、与名人共进午餐和"全国慈善日"午宴等活动的成本大都与净收入持平，甚至还出现亏损。

在过去，该协会的与名人共进午餐活动和分会的颁奖午宴是同场举办的，虽然奖项很有分量，但午宴是赔钱的。随后协会非但没有彻底废止这一活动，反而巧妙地将颁奖活动转移到协会的另一个重大活动——全国慈善日上。（用重新组合的方法来放弃某项活动，可以减少选择的痛苦，提高效率）。颁奖活动给全国慈善日带来了新观众，于是整个活动开始有了盈余。

此外，纽约筹款日，这一活动有1500多位与会者参加，多年来一直在同一地点举办，它是一个可同步追踪的复杂教育项目。在经济衰退之前，众所周知纽约筹款日能为分会带来收益，其收入可以弥补运营成本以及增加储备金。新常态改变了游戏规则，协会需要增加收入并减少开支。以下这些改变对分会产生了重大影响，协会不仅保留了活动，而且也节省了分会的总体预算开支。

- 第一次为视听教材引入竞标。这节省了大约5000美元（事实证明，在竞标的最后关头，宾馆之所以给出这个价格，是为了保障其客房业务）。
- 取消午饭前的VIP招待会。没人对此觉得可惜，为分会节省了1500美元。
- 协会鼓励供应商用支票而非信用卡来付款，若用支票付款（这样会节省银行交易费用），协会可为供应商提供相应折扣。
- 场地方为筹划委员会提供早餐，以前需要花2000美元，现在协会正在进行重新谈判，希望场地方可以免费提供早餐。

- 有效益的实物项目和新的年度赞助产品减少了像手提袋、摄影和广告等费用的开支。

在专业筹款协会（AFP）的案例中，我们能够知道，放弃并不意味着全部淘汰——但它确实意味着丢弃"他们过去总是这么做"的方式。公司的新管理措施足够为社团审核分会重大活动提供充分的理由和动机，没有必要必须等到万事俱备才行动。相信我们，主动放弃一些项目比不得不这样做要更合理，"不得不做"更痛苦。我们已经从与我们有过合作的社团中无数次地观察到了类似状况。

提出好问题

放弃某个项目是练习提出好问题这一艺术的好机会。在没有出现金融危机的情况下，如何做出正确的选择，受社团的潜在文化、情感因素和根深蒂固的传统的影响极大。采用对抗性的方式很可能会使他们产生抗拒，并且他们更会固执己见，在这种情况下，提出一些战略问题将会更加有效。下表举例说明了可供选择的提问方式。

陈　　述	问　　题
这个项目在亏损	难道我们不想让这个项目的财政状况更好吗？这个项目预期的合理纯收入是多少？
会员讨厌这个项目	评估标准不是一成不变的。我们应如何改进这个项目？
没有人参加这项活动	参与此次活动意味着什么？
我们在此项服务的竞争上失败	这个服务的竞争程度如何？与竞争对手相比，在这个竞争中我们处于什么地位？
只有老会员参加这个活动	我们需要做什么来吸引不同年龄层次的会员参加活动？我们需要做什么来振兴这个活动？
我们完全没有提供此产品的业务活动	这个产品与我们的使命有多大关联？

利用困难时期或财务表现不佳的时期

这听起来很残酷，但不可否认的是，社团在感受到痛苦时，理事会更善于接受改变。2008年的经济大萧条,是废除边缘性服务和活动的好机会,当时与我们合作的理事会比以往任何时候都更易于接受新思想。在经济萧条时期,即使是财力雄厚的社团也会面临压力,受恶劣的经济环境影响,社团会员数量会减少,会议出席率会降低。在现今新常态环境下,某些社团仍然面临着同样严峻的挑战。危机通常为社团门户清理提供了一个好机会。

经济形势较好时,边缘性项目不受关注。经济形势不好时,边缘性项目的危害就会被放大。人们更容易说:"你知道,经济形势好时,我们可以资助这个项目。但是目前我们在所有开支上压力都很大,我们正在裁员,已经支付不起维持这个项目运作的巨额费用,综合考虑社团的经济和财务状况,这一支出是不合理的。"

当然,你不需要等到经济完全衰退时再去放弃边缘性项目或服务。无论任何时候,当你面对财务挑战、收入不足或不可预见支出时,你都可以去废除那些过时的、表现不佳或失去吸引力的项目。要把这一做法变成习惯,这不仅有利于社团的长期发展,并且还能防止制定决策的志愿者变得自满。

采用"一进一出"政策

首先,要认识到社团有一个完整的平台,并且员工已经是各尽所能,人尽其才。若有人提出了一个新的项目或活动,就必须废除现有的服务来为其腾出空间,员工也必须在这一点上达成一致。就像"税收中立"实践一样,社团也需要用"活动中立"政策来保证平台不要超载。与超市类似,商店的货架空间有限,所以当引入新的或改进版的产品时,必须撤掉一些东西来为其腾出空间。那么,我们要去掉社团的哪些服务或项目来为新的项目腾出空间呢?

在新增项目时设置审查日期

由于缺乏定期的绩效审查,社团积攒了过多的项目和活动。从现在开始,任何新引入的项目或服务都必须在特定的时间内接受审查,并且这一做法要实现制度化。审查周期可以是六个月、一年或三年。确定审查的最后期限是提案的一部分。为了提高效率，我们要思考如何来衡量绩效，是用盈亏平衡状态？利润率？会员惯例？还是会员满意度调查？提前了解项目标准，这对你如期收集审查数据，公正客观地审查很有帮助。

面对困境，少安毋躁

哪怕是你正身陷困境，当你试图让一项提议迅速获得通过时，会员也会对你的动机有所怀疑。你需要花时间去解释你在做什么以及为什么这样做。要让志愿者领导（适当的时候要让大部分会员）有充足的时间来思考你的提议。活动越大，需要的时间就越多。我们已经看到许多提议，都只是因为太仓促，结果功败垂成。

为增加某些项目而放弃另一些项目

放弃一些项目或活动是促进社团更好发展的重要方法。虽然推行过程充满坎坷，但是物有所值。它是书中增强优势力量、集中资源、整合匹配的项目和服务、采用精益思想实现资源和优化流程这四个策略的重要补充。

请思考一下这个问题：福特汽车公司比它 2009 年时发展得更好吗？通用汽车公司比它 2009 年时发展得更好吗？绝对。但是为什么呢？因为这两个公司都认识到了集中力量的重要性，以及在艰难的经济条件下需要放弃一些项目或活动才可在一个高度竞争的市场中生存。

福特公司放弃了沃尔沃、捷豹、路虎和阿斯顿马丁等品牌，只专注于两个品牌：福特和林肯。通用汽车公司放弃了萨博、奥兹莫比尔、庞蒂克和悍马，主要专注做两个品牌：雪佛兰和凯迪拉克（由于别克在中国广受欢迎，所以他们还保留了别克。）

福特汽车公司和通用汽车公司都认识到，宽泛的产品线虽然在过去给公司带来收益，但对于公司目前和未来发展来说却是暗藏危机。所以他们都必须做出艰难抉择，放弃已经投资了数十亿美元的主要品牌。这容易吗？非常不容易。这样对公司的发展有益吗？毫无疑问，这给公司的发展带来了很大的裨益。运用同样的战略，采用同样的行动，社团也会受益匪浅。

首席执行官的角色

首席执行官最棘手的一个工作可能就是帮助社团放弃那些亏损的、市场占有率较低的或达不到期望的项目和服务。要想放弃这些项目和服务，就需要对这些项目的绩效进行评估，也要对过去的活动或之前志愿者的工作进行评判，这是比较麻烦的一件事情。当然，用数据来阐释案例能让阐述过程变得很专业，同时也会让理事会更容易放弃那些可能是由他们提议通过并参与过的活动。

开发出一套对产品和服务定期审查的系统是很有用的，首席执行官可以在工作中很好地利用这个系统。当然，首席执行官也可以与员工合作，在潜在新产品上会表决之前，就拟定一个方案来对其进行认真的论证和考察。因为前期的工作做得越严谨周密细致，新产品被通过的可能性就越大。最后，首席执行官必须确保理事会采用"一进一出"的政策，并向他们建议为了新产品上市，社团应放弃什么产品。

理事会的角色

社团所有的战略能否起作用，取决于理事会能否与首席执行官进行充分合作。放弃某些产品和服务可能会让人感觉很不舒服，所以要想贯彻放弃战略需要很大的勇气。因为一些理事会成员可能对这一观念和做法不理解，并心存不满。与我们有过合作的很多社团领导，都意识不到收缩产品和服务的价值（原因前文已经列出）。同样，当面投票反对同事保留其热衷的服务或他们帮助引进的产品，也是一个艰难的心路历程。

理事会成员也还必须克服担忧：做出错误决定的忧虑，与同事交流不顺的恐惧，因放弃服务而减少了关联性的担心（即使只有一小部分会员享受此服务），以及如果做出了不受欢迎的决策，会对社团未来发展带来不利的政治影响的恐惧。而战胜恐惧的一个方法就是，以文件（每一位理事会成员都要签字）的形式，明确每一位理事会成员的职责。能够明确自身角色与职责的理事会成员，在面对战略抉择时，往往都能清晰地知道自己的决定意味着什么。

最后，在社团通往成功的路上，在如何阐明和支持把项目或活动的资源提供给新的服务以及关键性技术倡议、促进社团发展方面，理事会必然要发挥重要的作用。

第十章案例研究 有意识地放弃造就有目的的定价

社　　　团： 圣·路易斯总承包商协会（AGC of St. Louis）
预　　　算： 330万美元
工作人员数量： 18人
会　员　数　量： 425家公司

2008年的经济衰退让建筑行业付出惨痛代价，同时也为圣·路易斯总承包商协会提供了一个机会，从会员的角度仔细审视它过去所做的所有事情。

在会长伦恩·滕耶斯（注册社团管理师）的带领下，该协会对他所有的项目和服务进行了彻底检查，协会的骨干员工绘制了一个含有140个项目的列表。滕耶斯说："我认为我们之间没有人对员工做了多少不同的事有很好的、清楚的认识。只有坐下来，认真梳理一下，我们才能了解我们到底做了哪些事情。"

项目列表是兼收并蓄的，任何使用协会资源或时间（工作人员或志愿者）的事情，包括理事会和执行委员会、出版物、社交活动和培训项目，都证明了这一点。滕耶斯还说："这对我们的员工来说真的是一次学习经历，他们能够从中清楚地看到自己的时间都用在什么地方，不然他们都不知道自己和他人每天到底在忙什么。"

一旦项目列表制作完成，滕耶斯和他的团队就根据不同的类别，给项目排序（如果想要了解关于这个过程更多的内容，请看《突破传统——社团的五项根本性变革》一书。为了您的方便，我们也将这个矩阵放在本书附录B中）。尽管他们曾打算要求理事会也做同样的排序，但重复这个任务太过艰巨，最终改为他们将排序的结果报告递交给理事会。滕耶斯说："这也能让他们大开眼界。"

第十章 有意放弃

虽然这对协会有很多好处,但最重要的是协会现在专注于做最重要的事情。滕耶斯说:"我们废除了30多个项目,削减了很多,这帮助我们更好地聚焦。"此外,理事会还要审查每一个项目现阶段的财务业绩。理事会审查每一个项目、工程或服务的财务报告(由负责的员工撰写),根据审查结果,将其分为可继续的,需要进行修改以提高性能的或终止的三大类。

这一过程的财务方面审查也令人大开眼界。滕耶斯说:"最开始评估项目时,我的每一个副总都打电话想和我私下聊一聊。他们每个人都说,'项目在赔钱,我感觉很糟糕。'我相信只要他们知道发生了什么,这有助于他们关注项目的现实价格。"在这种情况下,有意识地放弃也造就有目的的定价。

一个情理之中的现象就是:完全废除一些心爱的项目会让理事会觉得不舒服,于是理事会要求滕耶斯把这些项目移到观察区,而不是废除区内。观察区内的项目还包括不活跃的委员会、印刷的出版物和没有吸引力的项目。这些项目和服务的共同点很有趣:起初,这些项目或服务都被看作是好点子,然而随着时间的推移,它们并没有起到什么作用,只能说明它们一开始就被引入歧途或完全过时了。

放弃过程的一个让你意想不到的好处就是它的教育意义。大多数情况下,员工彼此都不了解其他人在做什么;当团队一起来给所有的项目和服务排序时,他们可以从中学到很多关于社团运营方面的新东西。在某些情况下,理事会也要接受类似的教育,全面了解协会的业务。滕耶斯把这个出乎意料的好处称作一个"具有极大教育意义的部分"。

放弃过程的另一个意想不到的好处就是跨部门讨论。尽管它很耗费时间(像每次评估一样,一些排序要耗费1~2个小时),但这一过程有效地提升了团队建设。在这一过程中,员工们能够学到很多新东西,并且能更好地理解彼此的工作。

滕耶斯认为,他必须做一名项目和服务的强有力的支持者,与员工团队一起通力协作,以便让他们继续专心致志地工作。他的付出得到了丰厚的回报，他说："毫无疑问，我们协会的运作更有效率了，开支也减少了，也能够更好地根据项目有效地配置资源，这有助于我们对一部分正在提供的项目或服务重新定价。这个过程也很好地把我们的员工凝聚在一起，帮他们更好地理解员工彼此之间的关联，协会的预算都花在了哪些方面以及他们的花销是如何影响全局的。"

第十一章　首席执行官与理事会的成功之道

　　在我所看到的范围内，所有配备了强大的并且给出正确领导方式的理事会的非营利性社团，担任其首席执行官一职都是一项非常艰苦的差事——不只是遴选合适的理事会成员，而且还要把他们打造成一个团队，并为他们指引正确的方向。

——彼得·德鲁克[73]

　　正如我们在每章中指出的那样，在社团发展获得成功之路上，社团的首席执行官和理事会都要扮演各自重要的角色。只有双方都了解各自要扮演的角色是什么，并且取长补短、相互支持，社团才能有最佳的表现。如果角色不清，将会浪费宝贵的人力资源。角色不清的具体表现就是，相互争执谁应该做什么，或者是做了他人职责范围内的事并且争论谁应该对造成的延误和损失负责。在这个过程中，理事会和首席执行官——社团人力资源最宝贵的角色，可能就没有发挥应有的作用。

　　为了更好地阐述这一问题，让我们从对角色的简单描述开始。在《非凡理事会——非营利和公共组织领导力的新设计》[74]一书中，约翰·卡佛提出了"结果"与"方式"这两个概念。"结果"或产出就是指理事会决定要完成什么，首席执行官决定要怎样完成，即"方式"。

首席执行官应该是社团战略的管家。管家是指"管理他人财产或财务，作为他人的代理来管理他人一切事务的人"。首席执行官管理社团的战略，理事会指导和控制社团战略。理事会（在首席执行官提供的资料的基础上）应明确社团发展的优先事项和发展方向（他们最重要的作用之一就是集中决策）。然后理事会必须使得首席执行官以及理事会成员为绩效负责，并且确保优先事项都能贯彻落实，整个社团才能步入正轨。

高效的理事会都懂得将社团战略管理职权授予首席执行官的重要性。之所以首席执行官应该是战略管家，是因为以下三个基本理由。

连续性 目标的连续性是成功的一个重要因素。社团不可能经常变更集中决策的内容。要想实现成功发展，社团必须不断减少浪费，提高生产效率。此外，社团还必须有意识地定期推陈出新，与时俱进。当然这些尝试是不可能一蹴而就的，而应该是循序渐进，持续发展的。在社团中，首席执行官具备连续性，而理事会却不具备。只要你仔细考虑一下就会发现其不连续性之所在，理事会是任期制的，理事们也会随着理事会而更迭。

资源意识 巧妙地、创造性地、有条不紊地利用资源，意味着不论是谁管理资源，都应该知道社团有哪些资源以及如何有效地配置资源。尤其是在一个大型社团中，就算是最勤奋的理事会成员，身兼这样一份全职工作，时间有限，也不大可能对社团的资源有一个全面深入的了解。但相比较而言，首席执行官更了解社团的资源应被用于何处，以及怎样才能实现资源利用率的最大化。

后果认知 在其日常工作中，首席执行官能够在第一时间获悉滥用资源的后果或哪里缺乏需要的资源，他们了解社团的资源应该如何配置以及哪些方面还需进行优化。由于社团的资源配置需要根据形势不断调整，所以一年只开几次会的理事会不足以担当此重任。

很多理事会成员也诚恳地认为，理事会之所以在监管社团战略方面力所不逮，是因为以下三个额外的因素的限制。

政治干预 现实就是，社团的内部政治会使得复杂和有序的决策制定程序变得非常具有挑战性。对典型的理事会来说，有时候做出以政治为基础的决策要比以资源为基础的决策更容易和更轻松，尤其是这个决策会带来影响深远和不受欢迎的后果的时候（这也就是为什么尽管很多社团明明知道自身面临地方分会参与减少，缺少运营志愿者，以及社团内部组织结构、服务重叠的情况下，依然深陷困境无法解脱的原因）。

时间压力 把本书所提到的五项策略由理论付诸实践，可不是一件轻松的工作，因为这将要花费相当多的时间和精力，时间紧张的领导和理事们不可能完成这项工作。

理事会构成 就像我们多次所指出的那样，几乎没有理事会是为了更好地实现绩效而组建的。因此，理事会的成员们具有各种各样的特质和才能，有些理事的特质和才能比其他的更有益于社团发展，有些理事具备实施社团战略观念所必备的知识、动机和纪律性，还有些理事不具备相应特质和才能。

要点：理事会和首席执行官必须为了社团的发展通力合作，开诚布公、畅所欲言和相互尊重，出现不同意见时，能做到求同存异，不打击异己，不秋后算账。理事会规模越大，越难创造一种理事会成员和首席执行官都很和谐、舒适的环境。即使有的时候他们合作很融洽，也很难一起治理社团。为了避免在成功发展之路上绕远，社团应该注意以下问题。

会员驱动型

近年来，我们一直听到"会员驱动"与"员工驱动"是相对的这种言论。但说实话，如果社团运作高效，谁又会在乎是谁在掌舵，是谁贡献了高的会员价值，是谁帮助会员减压、增产、增收呢？然而我们却看到理事会对这个问题焦虑不安、忧心忡忡，而且我们也听部分前任理事长说："这是一个会员驱动的社团，理事会应该指导社团的资源配置，当前这种管理方式赋予员工的权力太大、太多了。"

通过设置优先次序和引导资源配置，理事会正在指导着社团的资源管理。事实上，大多数理事会成员都很忙，他们只有在要召开理事会会议时，才会考虑社团事务。而作为员工，他们每天都在处理社团的日常事务和具体运作，当然这就是社团给他们发薪酬的原因。

与其纠结于谁在掌舵，何不采用"会员导向，员工驱动"的混合方式呢？我们更倾向于二者结合的方式，而不是取其一方。这种混合的方式表明了一种伙伴关系，有利于提升团队合作。它承认在社团运作过程中，理事会成员和员工都要扮演特定的角色。

下次如果有人用"会员驱动"这个词时，你可以问问他到底想表达什么意思。这可能会带来一场有趣而又有价值的讨论。

叛逆的理事长

如果理事长经常越权，关注项目执行和特定资源分配的细节，你该拿他怎么办呢？理事会成员必须清楚挑战这一任务的艰巨性，搞不好会伤害同事之间的感情，甚至关系可能会破裂，因此采用什么方式处理这种行为就变得非常重要。一般说来，使用提问的方式会很有效。"你认为首席执行官和员工能够处理好这件事吗？""你认为这真的是理事会需要强调的事吗？""理事会有必要对这件事刨根问底吗？"记住我们最推崇的一个指导方针：只要是别人能做好的工作，就不是理事会的工作内容。

政治僵局

假设你们在通往成功的道路上，正在使用精益管理和绘制流程图的方法来确定存在的浪费现象，并希望借此做出改进。在这个过程中，如果对理事会和委员会工作流程的客观评价，会导致随之而来的不受欢迎的变革提议，例如，会影响到深受爱戴的老员工的人事变动，或者是改变长期志愿者角色的建议。那么接下来将会发生什么呢？

另一个比较具有挑战性的政治情境是这样一种情况。例如，某个社团设置了领导力发展委员会来招募和确定理事长，同时，它还有一个由五位前理事长组成的提名委员会来提名理事长候选人。考察两个委员会的运作流程之后我们发现：如果二者能够合并的话，那么委员会职能交叉、人员冗杂以及交通费用超标等弊端都能够很好地解决。但由谁把这些告诉已经离任的理事长们呢？估计没有人会愿意。我们已经见过很多类似的案例，尽管变革能够让社团有一个更强大和更美好的未来，但是更多的人选择对问题置若罔闻，因为这比起寻求变革来说更容易（和更安全）。当然，解决这一困局的较好办法就是，召集一些开明的前理事长们一起来讨论解决问题的办法。

避开成功之路上的陷阱

通往成功之路是很漫长的，采取新的治理和管理方式富有挑战性。各种阻力和障碍是不会自动退出历史舞台的。那么，理事会和首席执行官如何保持旺盛的精力回应这些持续不断的挑战，做好打持久战的准备呢？

即使人们已经就变革的相关事项达成一致意见并付诸实践，他们也还是很容易退回到以前的做事方式，因为人们总是倾向于回到他们熟悉的结构和流程中去，哪怕这些结构和流程是没有效率的。这些都会影响员工和志愿者停留在正确的道路上。此外，那些保守势力也在等待时机，他们会趁变革者踌躇的时候反攻倒算，提倡回归过去的那些传统。

成功之路上需要有一个敢作为并有着远见卓识的理事会。如果有开明的志愿者参与的话，那么本书所提到战略和措施实施起来就会简单得多。当你日后聘任理事长时，要铭记这些要点，要知道理事会也需要引导，因此你必须提供给他们理解你的战略目标所需要的背景和信息。花一定的时间去解答他们的疑问，并且确保他们能真正理解你的战略目标。同时，也要意识到随着理事会换届，对理事长的引导将变成一个持续不断的长期过程。

为了支持社团战略，理事会应该做的 10 件事

1. 确保社团的优先事项是确定和明确的，且是通过合理决策程序达成的共识。理事会必须要认识到战略是为目标服务的，围绕目标进行集中决策无疑是理事会最大的贡献。

2. 参与制定每个优先目标的绩效测量措施。一旦确定了方向，明确了业务重点领域，理事会就必须确保它自己与首席执行官一起负责项目的贯彻与执行。绩效测量是至关重要的，为了了解进展情况，每一个成员都应该了解社团的业务是如何开展的，以及了解社团是如何取得业绩的。

3. 让首席执行官承担起测量既定绩效的责任。

4. 理事会必须参与社团的战略制定。但要记住，一旦战略制定好了，理事会就不必再干预，完全交给首席执行官去贯彻执行。直到战略需要修改时，理事会才能再次介入。

5. 对新兴战略提出富有建设性的意见，给自己和首席执行官提出一些难题。理事长对社团做出贡献的一个最好方法就是提出对社团有益的问题。

6. 理事会可以通过批准预算、必要的投资和其他资源配置来规划战略。理事会的一个基本功能就是确保社团有足够的运作资源。提议实施无资金支持的项目是不负责任的。理事会需要筹集项目所需的资源或是相应地减少项目以便使项目与社团现有的资源相匹配。

7. 如果合适的话，理事会应该与首席执行官以及资深员工一起完成年度评估，内容包括：社团为了提升竞争力而采取的五项战略方面的绩效以及在技术领域取得的成就。

8. 营造战略实施的紧迫感。现实中，社团经常缺乏变革或转型的紧迫感，而社团成功之路是快车道，需要这种紧迫感。因为每多耽误一天，就意味着自己的社团被其竞争对手落得更远一点。

9. 避免任何使得社团偏离战略方向的活动或指令。许多理事会倾向于包揽一切而不是恪守其职责范围。但是，竞争环境对不懂得克制和自我控制的社团来说是不留情面的。

10. 保证委员会和工作小组的工作与社团战略保持一致。每一位委员会主席都有他们自己的想法。他们十分关注委员会的工作，他们更喜欢按自己的想法行事，而不是围着社团战略这一指挥棒转。当然，有时候委员会主席自己的想法可能会卓有成效，但以我们的经验来看这种情况少之又少。理事会必须收紧委员会的经费以使之与社团的战略方向保持一致。可能的话，理事会应充分利用志愿者，采用有专项经费和时间限制的工作小组模式，而不是委员会模式来取得最好的效果。这个策略不仅能回应会员所面临的时间压力，而且也能增加社团获取指向明确的提案和好建议的机会。

后 记

尽管社团所处的竞争环境瞬息万变，但社团的一个优势力量——即会员彼此之间的情感纽带是不会变化的。每一个个体会员对于分担共同的问题、彼此同情、共同合作来推动职业或行业发展的愿望和需求是不会变的。变的只是他们去实现这些愿望和需求的方式。

我们认为无论是作为员工还是志愿者，就社团管理和治理而言，这是一个令人激动的时代，日新月异，变化万千。许多事物都发生改变，这些变化发生的同时也意味着机遇降临。今天的社团，在其成功之路上更有可能会经受新常态的考验，我们相信它们将会：

严格要求自己 根据本书所提出的战略，结合社团自身情况，为社团设计一个有意识、有目的的决策流程。这一流程会给社团带来充裕的资源，使社团更加专注于有限的产品和服务。这对社团及其会员来说都大有裨益。

更具企业精神 日益激烈的竞争要求社团有新的思维方式。社团本质上是典型的保守主义者，而市场只认可和垂青那些前卫的冒险者。我们认为，社团必须更具企业精神，但这并不意味着无视风险，盲目行动。

更加务实 随着会员忠诚度的减弱和互联网的发展，当会员需要帮助时，社团不再是他们的首要选择。这意味着社团在创造自身价值来赢得和保持会员关注时，要更像商业公司，运用商业公司所做的一些方法。社团有必要更多地使用市场调查、市场营销专业知识和电子商务等工具。

以技术为导向　技术每天都在改变着世界，有时有些改变是即时的。那么，你的社团该如何应对这种趋势呢？答案很明确，那就是社团需要"借助更多的技术"。坏消息是技术需要资金和专业知识，而问题是许多社团恰恰缺乏资金和专业知识。好消息是你自己不需要理解技术，不需要知道怎样运用技术，你甚至不需要预期接下来会发生什么。你只需要找一个人，无论他是工作人员还是技术顾问，让他来帮你运用技术。本书中的战略将帮你找到必要的财政资源从而让你的社团在技术竞争中占据一席之地。回顾一下，这些策略是：

- 增强优势力量；
- 集中资源；
- 整合项目和服务；
- 人、事协调，提高效率；
- 必要的时候舍弃某些服务和活动。

以上这些战略能够在帮助社团走向成功的同时会使社团少走弯路。制胜的秘诀就是要明白成功对你的社团来说意味着什么，以及社团需要付出什么来为会员创造和保持成功。每个社团的情况各异，社团需要根据自己的实际情况来规划其成功路线并随时做出调整。成功不是静止的，而是动态发展的。因此，社团在走向成功的道路上必须做到胆大心细。

成功的社团对日益加剧的竞争和新常态的应对将更具有战略性。成功之路可能会很漫长，但最终你会发现回报将是异常丰厚的。

附录 1　延伸阅读

下面这些出版物将帮助你进一步了解精益流程：

Mike Rother and John Shook.*Leaming to See*：*Value Stream Mapping to Add Value and Eliminate MUDA*. Lean Enterprise Institute，1999.

Beau Keyte and Drew Locher，*The Complete Lean Enterprise*：*Value Stream Mapping for Administrative and Office Processes*. Productivity Press，2004.

Mary Walton. *The Deming Management Method*.be Putnam Publishing Group，1986.

附录 2　项目和服务评价矩阵

社团可以使用下面的矩阵来对它们所做的项目、服务和活动进行重要性评估。"迫选法"消除了理事会成员对项目、服务和活动普遍给予过高评价的趋势，数值评估减少了个人偏好和情感性因素对评估的影响。

项目、服务、产品或活动	与社团使命的关联性	生命周期位置	会员使用比例	财务状况或预期	员工和志愿者时间的有效利用率	可利用的其他资源	项目的准备程度	总分

在第一列中列出社团所做的项目、产品、服务和活动（有时候只是把这个列表放在一起你就会深受启发）。规模更大、结构更复杂的社团可能需要分部门来填写这个表格。

计算一下所有项目、服务、产品和活动的总数，用这个数字除以5就得到了你的"评定配额"。比如，如果你列出了30个项目和服务，除以5，那么你的评定配额就是6。配额限制了你只能对一定数额的项目给予较高的评价，并且迫使你必须给一些项目以较低的评定等级。

在每一列，你只需要用数字1~5来为每个项目或服务评定等级。"5"代表最高或最令人满意的等级，而"1"代表最低等级。注意，你必须在评定配额范围之内来为每个项目或服务评定等级。前面的例子中，我们假设有30个项目和服务，因此你只能评定6个项目为"5"级，6个项目为"4"级，依此类推（是的，你也必须将6个项目评定为"1"级）。我们建议你先评出6个"5"级的项目，然后是6个"1"级的项目。接下来"4"级，最后是"2"级和"3"级。

在每一行，将每个项目评定的等级数求和，并用Excel表格将它们从最高到最低进行排序。反思一下，为什么你还在继续开展排在最后三位的项目和服务。

使用这个矩阵分析，你就能对社团所有的产品和服务做一个客观的比较，有效规避"神牛"和"政治地雷"（这些人使得社团无法有效评估其贡献）的影响，消除那些无用的或从未发挥出最大潜力的项目和服务。这样就能在财政和人力方面节省宝贵的资源。

注　释

[1] Martin Reeves, Claire Love, and Philipp Tillmanns, "Your Strategy Needs a Strategy." *Harvard Business Review*, September 2012. 2.

[2] Peter Drucker. *Management: Tasks, Responsibilities, Practices*. Harper Business, 1993. 104.

[3] Ibid. 119.

[4] Ian Davis. http://www.mckinseyquarterly.com/The_new_normal_2326. Accessed September 14, 2012.

[5] Arthur C. Brooks. "Generations and the Future of Association Participation." William E. Smith Institute for Association Research, 2006.15.

[6] Davis. op. cit.

[7] Jim Collins. *Good to Great*. Harper Business, 2001. 205.

[8] Jean Van Rensselar. "Focus on What You Do Best," *Distributor Focus*, August 2011. B.

[9] Marcus Buckingham and Donald O. Clifton. *Now, Discover Your Strengths*. Simon and Schuster, 2001. 58.

[10] Harrison Coerver and Mary Byers, *Race for Relevance: 5 Radical Change for Associations*. ASAE, 2011. 140.

[11] Ibid.

[12] Chris Zook and James Allen. *Profit from the Core*. Harvard Business Review Press, 2010. 17.

［13］C. K. Prahalad and Gary Hamel. "The Core Competence of the Corporation," *Harvard Business Review*, May 1990. 83.

［14］Collins. op. cit. 90−91.

［15］Collins. op. cit. 95−96.

［16］Marcus Buckingham. *Find Your Strongest Life*. Thomas-Nelson, 2009. 163.

［17］Van Rensselar. op. cit. D.

［18］Zook. op. cit. 19.

［19］Drucker. op. cit. 785.

［20］Collins. op. cit. 114.

［21］Carl Von Clausewitz. *On War: The Complete Edition*. Wildside Press LLC, 2009. 204.

［22］Chris Zook. As quoted in Walter Kiechel III. *The Lords of Strategy*. Harvard Business School Press, 2010. 284.

［23］Drucker. op. cit. 104.

［24］Ibid. 105.

［25］Ibid. 123.

［26］Henry Mintzberg. "The Fall and Rise of Strategic Planning," *Harvard Business Review*, January/February, 1994. 107.

［27］Ibid.

［28］Glenn Tecker. "The Future of Planning for the Future," *Associations Now*, April/May 2012, Vol. 8 Issue 4. 27−31.

［29］Peter Drucker. *The Effective Executive*. Harper Collins, 1967. xv.

［30］Joe Rominiecki. Acroynym blog, http://blogs.asaecenter.org/Acronym/2012/02/what_do_associations_do_better.html.Accessed October 25, 2012.

［31］Louis E. Boone and David L. Kurtz. *Contemporary Business, Edition 13*. John Wiley & Sons, 2010.

［32］John Kao. As quoted in Mark Athitakis. "A Fine-Tuned Innovation Culture," *Associations Now*, February 2012. 40−41.

［33］Kim S. Nash. "2011 State of the CIO." *CIO*, January 2011. 32.

[34] World War II: D-Day, The Invasion of Normandy, The Dwight D. Eisenhower Presidential Library and Museum, http://eisenhower.archives.gov/research/online_documents/d_day.html. Accessed September 19, 2012.

[35] Michael Porter. "What is Strategy?" *Harvard Business Review*, November/December 1996. 13.

[36] Joan Magretta. "Jim Collins, Meet Michael Porter." (*Harvard Business Review* blog network, December15, 2011). http://blogs.hbr.org/cs/2011/12/jim_collins_meet_ michael_porte.html.

[37] "Author John Grisham Has No Shortage of Book Ideas," *The Phillippine Daily Inquire*, September 1, 2008.
http://showbizandstyle.inquirer.net/breakingnews/breakingnews/view/20080901-157978/Author-John-Grisham-has-no-shortage-of-book-ideas. Accessed September 14, 2012.

[38] Alison Flood. "Potter Tops 400 Million Sales." http://www.thebookseller.com/news/potter-tops-400-million-sales.html, June 17, 2008.Accessed September 14, 2012.

[39] "John Grisham Wins Galaxy Award." http://www.writerswrite.com/blog/, 329071, March 29, 2007. Accessed September 14, 2012.

[40] Walter Kiechel III. *The Lords of Strategy*. Harvard Business School Press, 2010. 252.

[41] Michael Porter. op. cit. 13.

[42] Ibid.

[43] Paul Leinwand and Cesare Mainardi. "The Coherence Premium," *Harvard Business Review*, June 2010. 90.

[44] Coerver and Byers. op. cit. 141–142.

[45] Susan Besze Wallace. "The Mettle of Metal," Forum, September 2011. 14.

[46] FMI Corporation. Study about use of metal in buildings. 2010.

[47] Mark Engle. As quoted in Wallace. op. cit. 14.

[48] Alan Shalloway, Guy Beaver, and James R. Trott. *Lean-Agile Software Development: Achieving Enterprise Agility*. Addison-Wesley, 2009.

[49] Porter. op. cit. 15.

[50] Kiechel III. op. cit. xii.

[51] Jaynie L. Smith and William G. Flanagan. *Creating Competitive Advantage*. Crown Business, 2006. 92.

[52] Sarah L. Sladek. *The End of Membership as We Know It*. ASAE, 2011.

[53] Smith and Flanagan. op. cit. 145.

[54] Adrian J. Slywotzky. *Value Migration: How to think Several Moves Ahead of the Competition*. Harvard Business Review Press, 1995. 4.

[55] James P. Womack and Daniel T. Jones. *Lean Solutions: How Companies and Customers Can Create Value and Wealth Together*. Simon & Shuster Free Press, 2005. 5-6.

[56] Jamie Turner. The 60 Second Marketer. http://60secondmarketer.com/blog/2011/10/18/more-mobile-phones-than-toothbrushes/. Accessed November 23, 2012.

[57] Peter Drucker. "Managing for Business Effectiveness" Harvard Business Review, March 1963. 53-60.

[58] Cynthia Karen Swank. "The Lean Service Machine." *Harvard Business Review*, October 2003. 129.

[59] Eric Ries. *The Lean Startup: How Today's Entrepreneurs Use Continuous Innovation to Create Radically Successful Businesses*. Random House, 2011. 284.

[60] Taiichi Ohno. *Toyota Production System: Beyond Large-Scale Production*. Productivity Press, 1988.

[61] W. Edwards Deming. *Out of Crisis*. MIT Press, 1982. 53.

[62] ASAE. *Operating Ratio Report*. 14th Edition. 2012. 102.

[63] Susan Cane. *Quiet: The Power of Introverts in a World That Can't Stop Talking*. Random House, 2012.

[64] James Dalton and Monica Digman. *The Decision to Join*. ASAE, 2007.

[65] ASAE. *Benchmarking in Association Management: Financial Operations Policies and Procedures (Volume 6)*. 2012.

[66] BoardSource Nonprofit Governance Index 2010. https://www.boardsource.org/dl.asp?document_id=884. Accessed December 1, 2012.

[67] Ries. op. cit. 284.

［68］Womack and Jones. op. cit. 52.

［69］Roger Gill. *Theory and Practice of Leadership*. SAGE Publications Ltd., 2006. 8.

［70］Walter Isaacson. *Steve Jobs*. Simon & Schuster, 2011. 337.

［71］Ibid.

［72］Ibid. 338.

［73］Peter Drucker. *Managing the Nonprofit Organization: Principles and Practices*. Harper Collins, 1990. 158.

［74］John Carver. *Boards that Make a Difference: A New Design for Leadership in Nonprofit and Public Organizations*. Third Edition.Jossey-Bass, 2006. 48−50.

致 谢

在此，作者谨向在本书编写过程中，提供社团信息或以各种方式鼓励我们的人致以衷心的感谢。

David Bergman	Gary LaBranche，CAE
Gary Bolinger，CAE	Josh Lord
Stuart Byers	Lori Maarschalk
April Collins	Carol Meerschaert
Peter DuBois	Tom Morrison
Quinn Dufurrena	Buddy Patrick
Peggy Dzierzawski, CAE	Elizabeth Price, CAE
Drew Eason, CAE	Marilen Reimer, CAE
Mark Engle, CAE	Doug Reinhardt
Taylor Fernley	Martha Reinhardt
Mike Fisher, CAE	Mancy Rummel
Sandra Fisher, CAE	Bob Rusbuldt
Dorothy Fragaszy	Peggy Savage
Natascha Fronczek	Greg Sax
Mike Garcia	Karen Scarpella
Bob Harris, CAE	Diane Scheuring, CAE
Nancy Honeycutt, CAE	Will Sears
Tim Jackson, CAE	Keith Skillman, CAE
Rick Klein	Wade Smith
Holly Koenig	Emily Stegman
Leonard Toenjes, CAE	Baron Williams, CAE
Mark Tomlinson	Gregory Williams
Judith Trepeck	William Zepp, CAE
Lezlee Westine	

特别感谢 Shawn Montgomery 为这个项目所做的研究工作。
注：此列表中仅包括截至 2012 年 12 月，美国社团管理者协会认证过的信息。

作者简介

哈里森·科华（Harrison Coerver）是哈里森·科华联合公司的理事长。该公司是一家专门从事行业协会、专业社团和其他免税组织管理咨询的机构。1985年以来，科华为1200多个协会在战略规划和营销管理等方面提供了咨询。他以擅长社团引导技巧和直率的风格而著名，同时在协会治理和管理创新方面颇有经验。他经常以社团和专业协会的未来发展趋势为主题开展演讲活动，他也是芝加哥论坛协会（该组织有4000会员，致力于为协会专业人士提供服务）的前理事会成员。

科华先生为许多社团管理类的出版刊物撰写文章，如《当代社团》（*Associations Now*）、《论坛》（*Forum*）和《社团趋势》（*Association Trends*）等。除为专业杂志撰写文章之外，他参与了美国社团管理者协会基金会的课题"社团高管的关键能力"的研究工作。

科华是得克萨斯州社团高管协会的荣誉会员，也是堪萨斯市社团高管协会的年度联合会员，他还获得了芝加哥论坛协会颁发的组织服务奖。此外，他对社团管理所做的贡献得到了田纳西社团高管协会的赞扬。

您可以通过网址 www.harrisoncoerver.com 订阅科华先生的业务通讯《协会新闻和评论》，或通过电子邮件 harrison@harrisoncoerver.com 与他联系。

玛丽·拜尔斯（Mary Byers），注册社团管理师，担任过专业社团的高管。1988年以来，拜尔斯女士成了一名专职演讲师和战略规划导师，为社团和机构提供咨询，内容主要涉及开发潜在的领导力、在团队中创造和谐、开展战略规划、开启和管理"艰难对话"等。她是美国国家演讲者协会的成员，曾在美国28个州就各种主题进行过演讲。拜尔斯女士共撰写了7本专业图书，同时为《当代社团》等多种专业杂志撰写文章。

拜尔斯女士是伊利诺伊州牙医协会通讯和成员服务委员会的前任主席，还担任过IOGR（一个国际贸易协会）营利部门的推广主管。目前，拜尔斯女士是美国社团管理者协会和伊利诺伊州社团管理者协会的会员。

拜尔斯女士是伊利诺伊州社团管理者协会卓越奖和主席奖的获得者。她是2010年斯普林菲尔德商会雅典娜奖的提名候选人，主要表彰她在女性领导力潜能、职业发展规划和提高生活质量方面所做出的贡献。

读者可以通过网址 www.marybyers.com 订阅拜尔斯女士的业务通讯《今日协会》，或通过电子邮件 mbyers@marybyers.com 与她联系。

想要了解更多关于《迈向成功——建设竞争性社团的五大策略》和《突破传统——社团的五项根本性变革》英文原书的情况，请访问网址 www.roadtorelevance.com。

《迈向成功——建设竞争性社团的五大策略》
中国科学技术出版社
ISBN 978-7-5046-7427-2
定价：38.00 元

《突破传统——社团的五项根本性变革》
中国科学技术出版社
ISBN 978-7-5046-7838-6
定价：38.00 元